Annette Nolden

Baby Kalender

Der Begleiter für das spannende erste Jahr

Weltbild

Das Baby ist da – und jetzt ist was los! Seite 7

1. Monat Seite 15

Willkommen daheim – genießen Sie die Nähe zum Baby und die gute Betreuung durch die Hebamme.

2. Monat Seite 29

Zeit für Berührungen – zarte Massagen und sanfte Pflege geben dem Baby Geborgenheit. Und Sie lernen richtig zu reagieren, wenn es weint.

3. Monat Seite 41

Liebe und Schlaf – sie sorgen für das Wohlbefinden des Babys. Schutz vor Krankheiten bietet auch rechtzeitiges Impfen.

4. Monat Seite 53

Fördern und betreuen – mit Greifspielen und Eltern-Kind-Gruppen schulen Sie Aufmerksamkeit und Kontaktfreude Ihres Babys.

5. Monat Seite 65

Verlässlich verpackt – mit Babyschale und Co. sind Sie sicher unterwegs. Denn Ihr Baby will jetzt viel sehen.

6. Monat Seite 77

Liebevoller Halt – bei Schaukelspielen sind Sie ebenso gefragt wie beim Zahnen. Vergessen Sie trotzdem den Partner nicht.

7. Monat Seite 89

Den Alltag meistern – mit Eltern, die wissen, worauf es beim Sprechenlernen oder bei Wehwehchen ankommt.

8. Monat Seite 101

Gefahrlos aktiv – das Baby braucht jetzt eine Umgebung ohne Stolperfallen, Erste Hilfe im Notfall und ein Lied zum Trösten.

9. Monat Seite 113

Baby-Fitness – Bewegung beim Yoga oder im Schwimmbad macht den Kleinen genauso viel Spaß wie das Rascheln mit Papier.

10. Monat Seite 125

Auf geht's – zum Babytanz, Umstellen auf festere Kost und auch zum Finden und Binden alter und neuer Freunde.

11. Monat Seite 137

Neugierig auf die Zukunft – alles will das Baby entdecken: die Sprache, die Natur ... Wie gut, dass es sich in Ihrer Obhut weiß.

12. Monat Seite 149

Schritte ins Leben – das Kind bewegt und verständigt sich, wie es ihm gefällt. Und: Der erste Geburtstag rückt näher.

Zum Nachschlagen Seite 168

Bücher und Adressen, die weiterhelfen – Register – Impressum

Die ersten Fotos

Platz für einen Fuß-
oder Handabdruck

Unser Baby ist da!

Name unseres Babys ....

Geburtstag und -jahr ....

Geburtsstunde ....

Geburtsort ....

Sternzeichen ....

Dauer der Geburt ....

Gewicht und Größe des Babys bei der Geburt ....
Gewicht Größe

Das Baby ist da – und jetzt ist was los!

Ihr Baby ist auf die Welt gekommen – und mit der Geburt hat für Sie ein neuer Lebensabschnitt begonnen, der voller Wunder und Überraschungen steckt.

Babys erstes Jahr wird Ihr Leben völlig umkrempeln. Tag und Nacht stehen Ihre Sinne auf Empfang, um für das Kind da zu sein: um es zu füttern, zu wickeln, zu trösten und herumzutragen, aber auch um es zu liebkosen, mit ihm zu spaßen, mit seinen Augen die Welt neu zu entdecken und selbst noch einmal ein wenig Kind zu sein. Welch wundervolles Ereignis, wenn sich dann jeden Monat so viel tut, sich das Baby immer weiter entwickelt und zur eigenständigen Persönlichkeit wird. Sie auf diesem Weg »termingerecht« und fachkundig zu begleiten, ist die schönste und wichtigste Aufgabe dieses Babykalenders – für ein glückliches und harmonisches erstes Jahr.

Begleiter in stürmischen Zeiten: der Babykalender

Der vorliegende Kalender ist in zwölf Monate unterteilt. Alle vier Wochen erfahren Sie in einem praktischen Monatsüberblick beeindruckende Neuigkeiten über das jeweilige Entwicklungsstadium Ihres Babys.

Willkommen in der Welt: Freuen Sie sich auf Ihr neues Leben als liebende Eltern.

Natürlich ist jedes Kind einzigartig: Das eine ist etwas schwerer als das andere, ein weiteres besonders zart. Eines beginnt früher zu krabbeln, das nächste bewegt sich nur kurz auf allen Vieren und fängt dann gleich an zu laufen. Aus diesem Grund können die Angaben zu Größe, Gewicht und Co. auf den folgenden Seiten nur Durchschnittswerte darstellen. Doch auch wenn sich jedes Baby individuell entwickelt, so kann der Babykalender Ihnen Anhaltspunkte geben: Stellen Sie anhand der einen oder anderen genannten Entwicklungsstufe enorme Unterschiede zu denen Ihres Babys fest, sollten Sie sicherheitshalber Ihren Kinderarzt zurate ziehen. Denn je eher eine Störung in der Entwicklung erkannt wird, desto umfangreicher sind die Möglichkeiten, durch eine gezielte Behandlung einzugreifen.
Sie erfahren im Monatsüberblick zudem alles zur gesunden Ernährung für Ihr Kind und die wichtigsten Termine rund um die junge Familie. Allerdings gibt es in Hinblick auf die Kurse, die Sie mit Ihrem Kind machen können, einen Haken: Der Kalender sagt Ihnen zwar, in welchem Alter sich welcher Kurs anbieten würde. Anmelden müssen Sie sich dazu jedoch je nach örtlichen Gegebenheiten meist schon Wochen oder Monate im Voraus. Denn die Nachfrage ist fast immer größer als das Angebot und Wartelisten sind gerade in den großen Städten leider kein Ausnahmefall. Das gilt auch für die Kinderbetreuungen in einer Krippe oder für den Platz bei einer Tagesmutter. Zwar bieten private Einrichtungen oder Elterninitiativen mitunter kürzere Wartezeiten an. Doch sie sind nicht selten auch mit höheren Kosten verbunden. Es gibt also eine Menge im Vorfeld zu überlegen und zu tun – informieren Sie sich. Auch dabei unterstützt Sie der Babykalender, weil Sie hier viele Adressen und Ansprechpartner finden, die Ihnen weiterhelfen.

Zur Erinnerung: Platz für Notizen und Fotos

So turbulent die erste Zeit mit dem Baby auch ist, so schnell geht sie vorüber. Damit die schönsten Momente, ernste Gedanken und wichtige Ereignisse nicht in Vergessenheit geraten, haben Sie im Kalender genug Platz für eigene Eintragungen. Sogar die lustigsten Fotos können Sie gleich mit einkleben. Auf diese Weise gestalten Sie sich ein ganz persönliches Tagebuch für die ersten zwölf Monate Ihres Kindes. Und dieser Schatz wird Ihnen noch viele Jahre große Freude bereiten.

Nähe und Spiel

Geht es um die frühzeitige Förderung des Kindes, stehen Eltern-Kind-Gruppen, PEKiP, Babyschwimmen und vieles mehr hoch im Kurs. Doch trotz des mannigfachen Angebots sollten Sie niemals vergessen, dass die Eltern die wichtigsten Spielgefährten ihres Kindes sind und es am stärksten fördern können. Weil sie unsicher sind oder Angst haben, allein etwas falsch zu machen, besuchen jedoch immer mehr Mütter (und Väter) einen entsprechenden Kurs. Dabei vergessen sie leicht, dass zu viele Verpflichtungen schnell in Stress ausarten. Wenn jeden Tag ein anderer Termin auf dem Programm steht, für den das Baby aus dem Schlaf gerissen werden muss, wenn jedes Mal eine hektische Autofahrt mit einem quengelnden Kind dazugehört, dann wird aus der Frühförderung eher eine Frühbelastung – und zwar für die ganze Familie. Davon hat keiner etwas. Gönnen Sie sich lieber viel Ruhe und einen ausgewogenen Wochenplan mit ein bis zwei festen Terminen. In der freien Zeit widmen Sie sich ganz Ihrem Kind: Erzählen Sie ihm viel, berichten Sie, was Sie gerade tun oder was um Sie herum geschieht, gehen Sie mit ihm spazieren, zeigen Sie ihm die Umgebung oder legen Sie sich einfach zusammen auf die Krabbeldecke. Schließlich bedeutet Spiel viel mehr als bloßer Zeitvertreib. Anfangs ist es für das Baby nichts anderes, als die neue Welt zu entdecken und daraus zu lernen. Fühlt sich Ihr Kind bei Ihnen sicher und wohl, kann es sich bestens entwickeln.

Endlich zu dritt – jetzt sollten Sie sich erst einmal viel Zeit zum Kuscheln nehmen.

Damit Ihr Baby viele verschiedene Erfahrungen sammeln und sich mit seiner Umwelt vertraut machen kann, stellt der Babykalender jeden Monat altersgerechte Anregungen vor, zum Beispiel Kniereiterverse, Lieder, Sprachreime oder Gute-Nacht-Geschichten. So fördern Sie Ihr Kind und schenken ihm die Möglichkeit, über das Spiel neue Fertigkeiten zu erlernen.

Gesund und munter

Mit viel Liebe, Nähe und Geborgenheit schaffen Sie die Basis für die gesunde Entwicklung Ihres Kindes. Dazu gehören neben dem Spiel auch die zärtliche Pflege, das Baden und Wickeln – ebenso wie der regelmäßige Gang zum Arzt beziehungsweise die Teilnahme an den empfohlenen Vorsorgeuntersuchungen, den sogenannten Us. Der Babykalender zeigt Ihnen, wann die nächste U ansteht und wann die beste Zeit fürs Impfen ist. Darüber hinaus erfahren Sie viel über andere Gesundheitsthemen wie ausgewogene Ernährung oder Erste Hilfe bei Unfällen, bei Fieber und beim Zahnen.
In punkto Gesundheit und Wohlergehen des Babys darf schließlich die Bedeutung von Bewegung nicht vergessen werden. Vielleicht kommen Sie ja mit Baby-Yoga auf den Geschmack und planen regelmäßig kleine Turnübungen in Ihren Tagesablauf ein. Das bringt Kraft und Energie, sorgt für einen gesunden Appetit und nicht zuletzt für ruhigen Schlaf.

Leben mit dem Baby

In unserer modernen Gesellschaft ist es mittlerweile etwas ganz Besonderes geworden, mit einem Baby zu leben. Das macht das Familie-Sein nicht gerade leichter und sorgt dafür, dass sich so manche junge Mutter ziemlich einsam fühlt. Alte Freundschaften verlieren sich und es liegt an einem selbst, neue Kontakte zu finden und zu knüpfen. Genau das ist überlebenswichtig in einer Zeit, die fernab von Großfamilien dem Paar mit Baby immer weniger Schutz und Zuneigung bietet. Schaffen Sie sich Ihren eigenen engen Kreis, indem Sie Menschen kennenlernen, die sich in der gleichen Lebenssituation befinden wie Sie selbst. Dafür sind Mutter-Kind-Gruppen ebenso gut geeignet wie Mütterzentren mit Stillgruppen und Angeboten zum gemeinsamen Frühstück oder die Initiativen kirchlicher Gemeinden, die zu Krabbelgruppen einladen.

Tauschen Sie sich regelmäßig mit den neuen Bekannten aus, verabreden Sie sich zu gemeinsamen Ausflügen oder Spielplatzbesuchen. Ist der Kontakt dann etwas enger geworden, können Sie auch gegenseitig die Kinder betreuen – auch um mal wieder etwas nur mit dem Partner zu unternehmen und Ihre Liebe zu stärken.

Zeit für Mamas

Das Leben mit dem Baby kann manchmal ganz schön anstrengen – besonders wenn die Mutter durch die Geburt noch geschwächt ist. Da hilft nur eines: Tun Sie sich sooft es geht etwas Gutes. Nehmen Sie sich eine Auszeit und verwöhnen Sie sich mit einem entspannenden Bad, einer beruhigenden Meditation oder kräftigenden Gymnastikübungen. Auch dazu hält der Babykalender Monat für Monat Vorschläge bereit. Und vergessen Sie nicht: Sie sind nicht allein für Ihr Baby zuständig. Papa ist auch noch da. Väter gehen zwar manches anders an, aber: Viele Wege führen zum Ziel. Lassen Sie die beiden einfach ihr Ding machen.

INFO

Elterngeld und Elternzeit

Das Elterngeld wird für 14 Monate gezahlt, wenn sich die Eltern in dieser Zeit ihrem Neugeborenen widmen und auf Arbeit und damit Einkommen verzichten. Dabei können Sie wählen, welcher Elternteil wann und in welchem Umfang während der gesamten möglichen Bezugsdauer von 14 Monaten Leistung in Anspruch nimmt. Aber: Es sind mindestens zwei Monate für jeden der Partner vorgesehen. Kann ein Elternteil seine zwei Monate nicht in Anspruch nehmen, sind zwölf Monate Elterngeld sicher. Auch »Einverdienerfamilien« erhalten zwölf Monate lang den Mindestbetrag.

Und so viel Geld gibt es: 67 Prozent des wegfallenden Nettoeinkommens, maximal aber 1800 Euro im Monat. Das Mindestelterngeld beläuft sich auf 300 Euro pro Monat. Elterngeld ist steuer- und abgabenfrei. Die geschützte Elternzeit bleibt weiterhin in einem Umfang von insgesamt drei Jahren erhalten.

Erlebnis Geburt

Die Geburt eines Kindes ist einer der bewegendsten Momente im Leben. Es ist ein einzigartiges Erlebnis von großem Erinnerungswert, das in den Herzen der Eltern noch lange weiterleben wird. Wenn Sie das faszinierende Ereignis auf Papier festhalten, geraten selbst die kleinsten Einzelheiten nicht in Vergessenheit. Und auch Ihr Kind kann, wenn es älter ist, nachlesen, wie alles begann.

Die erste Wehe: Wann spürten Sie sie? Was haben Sie dabei empfunden?

....

....

....

....

Der Weg in die Klinik: Wie sind Sie in die Klinik gekommen? Wer hat Sie begleitet?

Bei einer Hausgeburt: Wer hat wann die Hebamme angerufen? Wann kam sie? Wie ging es Ihnen, als sie eintraf?

....

....

....

....

....

....

Wann begannen die starken Wehen? Wie kamen Sie mit dem Schmerz zurecht? Was oder wer half Ihnen dabei am besten?

....

....

....

Wann setzte die Endphase ein? In welcher Geburtshaltung empfingen Sie die letzten Wehen?

....

....

....

Welches Gefühl durchströmte Sie, als das Baby aus Ihnen hinausgeglitten war?

....

....

....

....

Nach der Geburt: Was geschah in den ersten Minuten? Wer trennte die Nabelschnur durch? Welche Gedanken begleiteten Sie beim ersten Körperkontakt mit Ihrem Baby?

....

....

....

....

Platz zum Einkleben des Klinik-Armbändchens

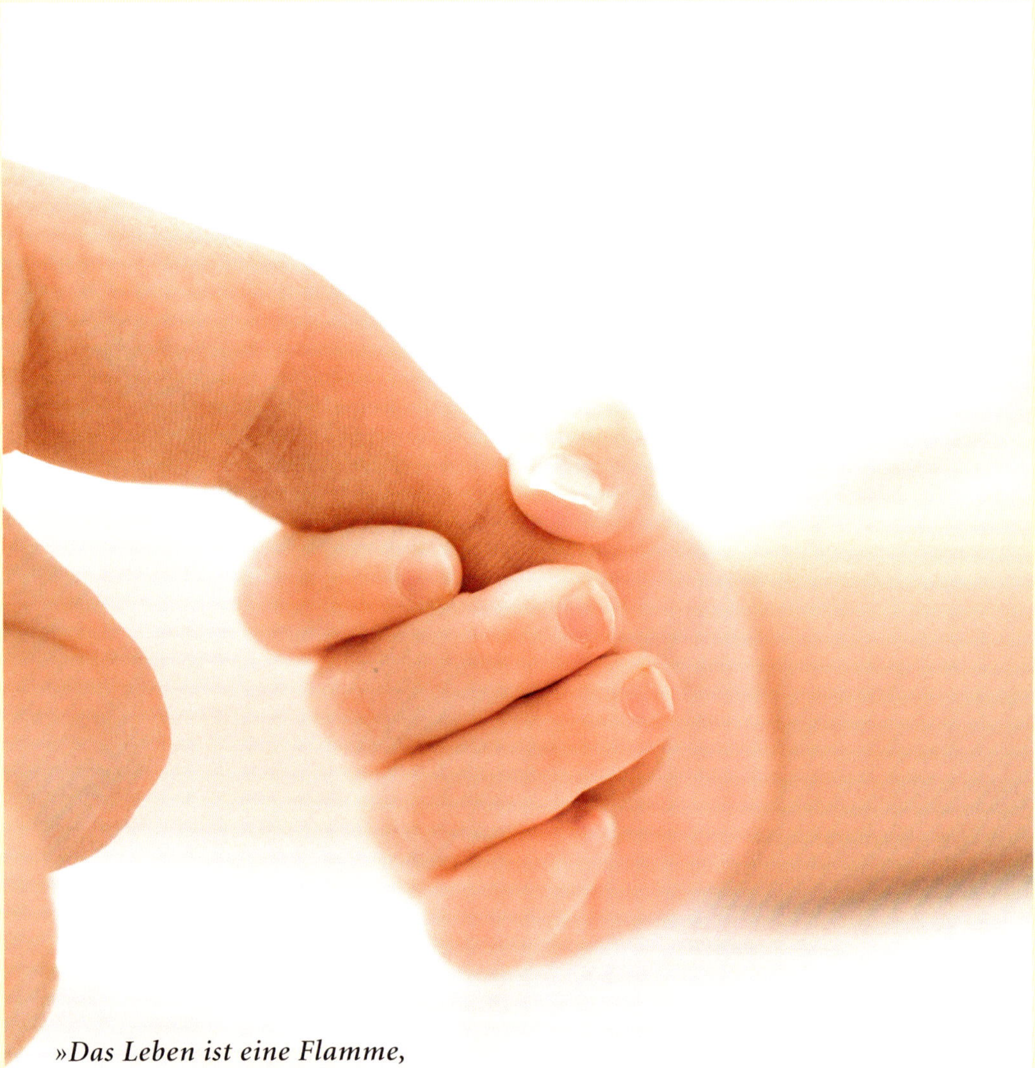

*»Das Leben ist eine Flamme,
die sich selbst verzehrt;
aber sie fängt jedes Mal
wieder Feuer, wenn ein Kind
geboren wird.«*

George Bernhard Shaw

1.

Der erste Monat

Der kleine Erdenbürger macht seine ersten Erfahrungen.

Er blinzelt, runzelt seine Stirn und schläft vor allem reichlich –

um sich von den vielen neuen Eindrücken zu erholen.

Die 1. bis 4. Woche

Mein Kalender

- Anmeldung zur **U3,** die zwischen vierter und sechster Woche erfolgt.
- Wenn Sie noch keine **Nachsorgehebamme** haben, sollten Sie sich jetzt umgehend darum kümmern. Infos und Adressen finden Sie unter anderem beim Bund Deutscher Hebammen (siehe Seite 168) oder unter www.hebammensuche.de.
- Falls die Klinik das Neugeborene nicht beim **Standesamt** angemeldet hat, müssen Sie und Ihr Partner dies in der ersten Woche tun. Sie brauchen dazu die Geburtsbescheinigung, Ihre Ausweise und das Stammbuch. Geht nur ein Elternteil aufs Amt, benötigt er die Vollmacht des Abwesenden. Ledige Mütter müssen auch die eigene Geburtsurkunde vorlegen, Geschiedene zudem die Scheidungsurkunde.
- Beim Standesamt bekommen Sie auch die **Geburtsurkunde** des Babys. Nehmen Sie diese gleich in mehreren Ausführungen mit: Sie benötigen sie bald für verschiedene Anträge (etwa Kindergeld).
- Beim Meldeamt können Sie einen **Kinderausweis** beantragen oder das Kind in Ihren Reisepass (oder den des Partners) eintragen lassen. Nehmen Sie auch Ihre **Steuerkarte** mit und lassen Sie sie ändern.
- Den Antrag auf **Kindergeld** erhalten Sie bei der Familienkasse der jeweiligen Bundesagentur für Arbeit.
- Melden Sie Ihr Kind bei der **Krankenkasse** an und legen Sie dort für das **Mutterschaftsgeld** eine Geburtsurkunde des Kindes vor.

Termine rund ums Baby ....

....

....

....

Messen und Wiegen

Datum	Größe des Babys	Gewicht des Babys

So entwickelt sich das Baby

- **Gewicht:** zwischen 3 und 4 Kilo
- **Größe:** 49 bis 53 Zentimeter
- **Kleidung:** Das Baby hat in diesem Monat Kleidergröße 50, Strumpfgröße 00, Mützenmaß 38.
- **Die ersten Laute:** Kräftiges Schreien signalisiert nicht nur Hunger, Müdigkeit, Bauchweh oder eine volle Windel. Es ist auch die erste Übung, um die Sprache langsam, aber sicher zu entwickeln.
- **Blinzeln und Stirnrunzeln:** Damit reagiert das Baby zum Beispiel auf Licht oder Lärm – die Sinnesorgane stehen also auf Empfang.
- **Scharf im Blick:** In einem Abstand von etwa 20 Zentimetern kann das Baby bereits scharf sehen. Für einen kurzen Moment fixiert es alles, was es sich genau anschauen möchte.
- **Fest im Griff:** Berühren Sie die Innenfläche der Hand, schließt das Baby die Finger und drückt reflexartig für einige Sekunden fest zu.
- **Erste Schritte:** Wenn Sie das Baby aufrecht halten und die Füße auf eine Unterlage setzen, macht es reflexartig erste Schrittchen.
- **Kopf hoch:** In der Bauchlage hebt das Neugeborene seinen Kopf seitlich geneigt für wenige Sekunden an. Im Liegen legt es ihn zur Seite und beim Hochheben fällt er nach hinten.

Meine Gedanken ....

....

....

....

1.

Wohltuender Körperkontakt beim Stillen und Fläschchengeben

Körpernähe ist das Wichtigste, das Ihr Baby in seinem jungen Leben braucht. Sie schafft Geborgenheit, wie das Kleine sie bereits aus dem Mutterleib kennt. Berühren und streicheln Sie den Säugling sooft es geht und nutzen Sie die Zeit des Stillens, um mit ihm in Blickkontakt zu treten. Dadurch entsteht eine tiefe Bindung, die die geistige und körperliche Entwicklung des Kindes fördert. Nicht nur beim Stillen, auch beim Fläschchengeben wird die Mutter-Kind-Bindung gefestigt. Da die Berührung über die Haut für das Baby sehr wichtig ist, können Sie den Säugling mit nacktem Oberkörper im Arm halten und nah an sich heranziehen, während er trinkt. Achten Sie außerdem auf guten Blickkontakt. Bedenken Sie dabei, dass Ihr Baby Sie klar sehen kann, wenn Sie sich seinem Gesicht auf rund 20 Zentimeter nähern. Sprechen Sie ruhig und sanft mit dem Baby und lächeln Sie es an, wenn es Sie mit seinen Äuglein im Visier hat.

INFO

So viel Milch mag das Baby

Am Anfang meldet sich der Säugling alle zwei bis drei Stunden. Wenn Sie stillen, lassen Sie Ihr Kind bei jeder Mahlzeit an jeder Brust etwa zehn Minuten trinken. Achten Sie dabei darauf, dass das Baby die Brustwarze und den ganzen Warzenhof in den Mund nimmt – sonst entzündet sich die Brust schnell. Beim Lösen von der Brust stecken Sie vorsichtig einen kleinen Finger in den Mundwinkel des Babys, um das entstandene Vakuum aufzuheben. Auch das verhindert eine Verletzung der Brustwarze. Und denken Sie daran, selbst genug zu trinken – drei bis vier Liter am Tag.

Füttern Sie Ihr Baby mit der Flasche, benötigt es in 24 Stunden rund sechs Mahlzeiten. Am besten kochen Sie das Wasser dafür einmal am Tag auf und füllen es anschließend in eine saubere Thermoskanne. Die Milch rühren Sie dann immer erst unmittelbar vor dem Füttern an und verbrauchen sie binnen einer Stunde. Prüfen Sie die Temperatur, indem Sie einen Tropfen auf die Innenseite des Handgelenks geben. Er sollte etwa Körpertemperatur haben. Ganz wichtig: Bleibt nach dem Trinken Milch übrig, schütten Sie diese unbedingt weg – egal wie viel es ist. Denn es bilden sich sehr schnell Keime.

Nähe bringt Sicherheit

Wenn das Baby stets in Ihrer unmittelbaren Nähe ist, lernen Sie es am besten kennen – und natürlich auch umgekehrt. Indem Sie Ihr Kind auf dem Arm oder im Tragetuch tragen und es im Kinderwagen spazieren fahren, gewöhnen Sie sich schnell an das Muttersein. Gleichzeitig hilft das enge Miteinander, die Signale des Kindes sicher deuten zu können. Auch wenn Sie sich viel Zeit für die Pflege beim Wickeln und Waschen nehmen, stärken Sie die Vertrautheit und die richtigen Griffe und Kniffe gehen Ihnen bald wie von selbst von der Hand. Selbst nachts brauchen Sie auf Nähe nicht zu verzichten: Schläft das Kind bei Ihnen im Bett oder steht die Wiege mit im Schlafzimmer, können Sie die regelmäßigen Atemzüge Ihres Babys hören und selbst beruhigt schlafen. Zudem muss der Säugling nicht lange weinen, wenn er Hunger hat. Und das bestärkt das Kleine in seinem Urvertrauen gegenüber der Mutter, die in der Not gleich für ihn da ist.

Erste Spiele

Um das Baby in diesem frühen Stadium durch ein Spiel anzuregen, müssen Sie ihm sehr nahe kommen. Es kann sich schließlich noch nicht zu Ihnen drehen und die Augen sehen in der Ferne noch nicht scharf. Nehmen Sie Ihr Kind daher auf den Arm, auf den Schoß oder beugen Sie sich zu ihm hinunter, wenn es auf der Spieldecke liegt. Suchen Sie seinen Blick und sprechen Sie mit ihm: Erzählen Sie ihm zum Beispiel, was Sie heute schon gemacht haben oder noch planen zu tun. Auch Lieder regen die Sinne des Babys an, genauso wie Ihr Lachen und Scherzen. Wenn Sie mit dem Finger vor den kleinen Augen hin und her wackeln oder einen kleinen knallroten Ball langsam vor seinem Kopf bewegen, wecken Sie die Aufmerksamkeit Ihres Kindes. Kleine Babys ermüden jedoch schnell: Sobald sie sich vom Spiel abwenden oder zu weinen beginnen, ist es Zeit für eine ruhige Phase ohne Anregungen. Solche Ruhezeiten sind besonders wichtig, um das Kind nicht ungewollt zu überfordern.
Ähnlich wie zu viel Beschäftigung kann auch zu wenig Stimulation die Entwicklung negativ beeinflussen. Bedenken Sie, dass Sie der erste Spielgefährte Ihres Kindes sind – und damit auch sein Lehrer. Mit Spielen und Erzählen helfen Sie ihm, die unbekannte Welt um sich herum zu verstehen. Lernprozesse werden in Gang gesetzt, die Sie aktiv fördern, wenn Sie sich Zeit für Ihr Kind nehmen und sich mit ihm beschäftigen.

Beim Stillen tankt das Baby nicht nur Milch, sondern auch reichlich Nestwärme.

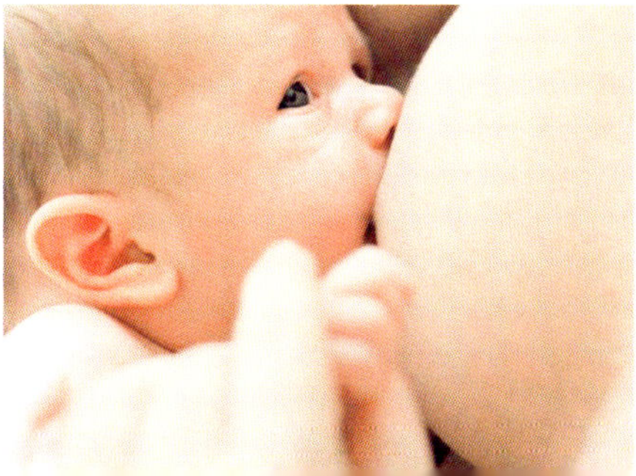

Von Arzt bis Hebamme: gut betreut von Anfang an

Ganz gleich ob Sie in einer Klinik, einem Geburtshaus oder zu Hause entbunden haben – Ihr Anspruch auf eine Hebamme für die Nachsorge ist davon völlig unabhängig. Sie kommt regelmäßig zu Ihnen nach Hause, um Mutter und Kind medizinisch und menschlich zu betreuen. Stellt sie dabei bei Ihnen oder dem Baby ernste gesundheitliche Probleme fest, wird sie den Gang zum Kinderarzt beziehungsweise zum Gynäkologen verordnen.

Die Nachsorgehebamme – Anruf genügt

Ohne große Umstände ist es möglich, sich direkt bei einer Hebamme zu melden und ihr die Nachsorge zu Hause zu übertragen. Die gesetzliche Krankenkasse zahlt in jedem Fall bis zum zehnten Tag nach der Geburt tägliche Hausbesuche. Wenn es die Hebamme für nötig hält, werden weitere acht Besuche binnen der ersten acht Lebenswochen des Babys übernommen. Sollten Auffälligkeiten in der Entwicklung des Kindes auftreten, kann der Kinderarzt sogar noch weitere Hebammenbesuche verschreiben. Bei ihren Visiten kontrolliert die Hebamme, ob sich Ihre Gebärmutter zurückbildet, wie die Wundheilung verläuft und ob mit dem Stillen alles klappt. Auch das Baby wird aufmerksam untersucht, um seinen Allgemeinzustand zu beurteilen. Atmung und Herzschlag werden ebenso überprüft wie Reflexe, Nahrungsaufnahme und Gewicht. Die Pflege des Babys kommt ebenfalls nicht zu kurz: Sie erhalten fachliche Anleitung und viele Tipps rund um Baden, Nabelpflege, Wickeln und Ernährung.

Die Nachsorgehebamme ist in den ersten Wochen eine wichtige Bezugsperson.

Der Kinderarzt – Erreichbarkeit ist wichtig

Haben Sie noch keinen Kinderarzt? Bei der Auswahl sollten Sie vor allem darauf achten, dass die Praxis schnell erreichbar ist. Kaum etwas ist für ein krankes, weinendes Kind und aufgeregte Eltern schlimmer als lange Anfahrten mit Auto, Bus oder U-Bahn. Natürlich müssen Sie sich beim Kinderarzt aber auch gut aufgehoben fühlen. Man sollte auf Ihre Fragen und Sorgen eingehen, Ihr Kind im Notfall möglichst schnell behandeln und Sie nicht auf morgen vertrösten. Manche Ärzte geben für Notfälle sogar ihre private Rufnummer heraus.

Wenn Sie eine gute Beziehung zum Arzt aufbauen, wird auch Ihr Kind keine Angst vor einem Arztbesuch haben. Wechseln Sie die Praxis dagegen ständig, verunsichert das Ihr Kind. Es muss sich jedes Mal neu orientieren und neues Vertrauen aufbauen, was einem kleinen Menschen noch recht schwerfällt – besonders wenn er krank ist.

Die Us: (lebens-)wichtige Vorsorge

Bis zum zwölften Lebensmonat des Babys fallen sechs Vorsorgeuntersuchungen beim Kinderarzt an: U1 bis U6. Es ist wichtig, keine dieser vorgesehenen Untersuchungen zu versäumen, um auch solche Erkrankungen oder Entwicklungsstörungen rechtzeitig zu erkennen, die äußerlich nicht sichtbar sind. Eine frühe Diagnose erhöht die Chancen auf Heilung und kann spätere, langwierige Behandlungen unnötig machen.
In dem gelben Heft, das Sie nach der Geburt erhalten haben, werden alle Untersuchungsergebnisse eingetragen, ebenso wie veranlasste Behandlungen sowie weitere erforderliche diagnostische Maßnahmen. Um Ihrem Kind eventuelle Doppeluntersuchungen zu ersparen und eine sichere Diagnose zu gewährleisten, ist es ratsam, dieses Heft zu jeder Untersuchung mitzubringen – egal ob beim Kinderarzt, Facharzt oder in der Klinik.

Über die Vorsorge hinaus

Ein Arztbesuch fällt jedoch nicht nur an, wenn eine Vorsorgeuntersuchung ansteht oder eine offensichtliche Erkrankung vorliegt. Sobald Sie das Gefühl haben, dass mit Ihrem Kind etwas nicht stimmt, ist der Kinderarzt ein kompetenter Ansprechpartner. Macht das Baby einen müden und schlappen Eindruck, verweigert es gar die Nahrung, hat es Durchfall oder kaum noch nasse Windeln, sollten Sie auf keinen Fall zögern, sondern sofort zum Arzt gehen. Das Gleiche gilt, wenn Ihr Baby in den ersten drei Lebensmonaten eine Körpertemperatur von über 37,8 °C hat. Scheuen Sie sich nicht und gehen Sie lieber einmal zu oft zum Arzt als einmal zu wenig. Schließlich können auch hinter leicht anmutenden Symptomen ernsthafte Erkrankungen stecken, die umgehend behandelt werden müssen. Ein guter Kinderarzt wird Sie in dieser Haltung bestätigen und Ihnen niemals zum Vorwurf machen, seine Zeit unnötig in Anspruch genommen zu haben. Und sollte er dies doch tun, gibt es in Ihrer Nähe ganz sicher noch einen anderen, verständnisvolleren Arzt.

INFO

Arzt- und Kliniksuche

Die Arztauskunft der Stiftung Gesundheit listet unter www.arzt-auskunft.de Kinderärzte nach Postleitzahlen auf. Auch unter www.kinderaerzteimnetz.de finden Sie bundesweite Adressen und Telefonnummern für Notdienste sowie ein umfassendes Ärzte- und Klinikverzeichnis.

Mit dem Baby zu Hause: die ersten Tage

Das waren aufregende Zeiten: zuerst die Schwangerschaft mit all den neuen Gefühlen und Ungewissheiten, dann die Geburt, die intensiven Berührungen mit dem Baby und der Klinikaufenthalt mit seinen vielen eigenen Regeln und Abläufen.
Und es geht nicht weniger spannend weiter, denn jetzt kommen Sie mit dem Neugeborenen nach Hause. Nutzen Sie die neue Freiheit, sich in Raum und Zeit so zu entfalten, wie es Ihre Kräfte und der Rhythmus des Babys möglich machen.

Werfen Sie alte Gewohnheiten über Bord

Neue Tagesabläufe und Aufgaben prägen das Leben mit dem Baby. Deshalb ist es so gut wie unmöglich, einfach den bisherigen Alltag aufgreifen zu wollen. Vergessen Sie also alte Strukturen, sie setzen Sie unnötig unter Druck und vermitteln Ihnen nur das Gefühl, dass Sie den neuen Anforderungen nicht gewachsen sind. Starten Sie von vorn und beginnen Sie ganz langsam ein anderes Leben, das Sie von Tag zu Tag erlernen. Über kurz oder lang spielt sich ein neuer Rhythmus ein und Ihr Leben wird wieder sichere Formen annehmen. Bis es so weit ist, sollten Sie alles, was Sie zusätzlich zur Babypflege belastet, einfach liegen lassen (zum Beispiel Staubwischen, Schränke aufräumen). Was unbedingt gemacht werden muss, kann auch Ihr Partner übernehmen, wie einkaufen und die Wäsche waschen. Vielleicht können Sie eine Freundin bitten, ab und zu das Kochen zu übernehmen.

INFO

Haushaltshilfe im Krankheitsfall

Unter bestimmten Voraussetzungen übernehmen die gesetzlichen Krankenkassen die Kosten für eine Haushaltshilfe, wenn

- Sie erkrankt sind oder ins Krankenhaus müssen,
- der Vater allein den Haushalt nicht führen kann und
- Sie mindestens ein Kind unter zwölf Jahren haben (auch das Neugeborene gilt).

Erkundigen Sie sich unbedingt bei Ihrer Krankenkasse, ob und wie lange Ihnen eine Hilfe zusteht, wie man Ihnen bei der Vermittlung einer entsprechenden Kraft behilflich sein kann und ob Sie selbst noch Zuzahlungen leisten müssen. Auf alle Fälle benötigt die Krankenkasse ein ärztliches Attest, das bestätigt, dass Sie krank sind und sich nicht ausreichend um das Kind und den Haushalt sorgen können.

Oder Sie engagieren für die Übergangszeit eine Haushaltshilfe. Je mehr Sie delegieren, desto mehr Zeit haben Sie, um Ihr Baby kennenzulernen, sich von den Strapazen der Geburt zu erholen und einen neuen, zufriedenstellenden Tagesplan zu entwerfen – und zu leben.

Reden, reden, reden

Sprechen Sie aus, was Ihnen Kummer bereitet – egal ob Sie unter Gefühlsschwankungen leiden oder unsicher im Umgang mit dem Baby sind. Ihre Nachsorgehebamme hat für Ihre Probleme genauso ein offenes Ohr wie Ihr Partner. Sicher geht es ihm ähnlich und er ist froh darüber, sich mit Ihnen auszutauschen und Ihnen durch das intime Gespräch nah zu sein. Eine gestärkte Partnerschaft, in der Gefühle, Ängste und Sorgen Raum bekommen, gibt beiden Elternteilen die Möglichkeit, mit den neuen Anforderungen gut zurechtzukommen.

Nachmachen erlaubt: alte Sitten und Bräuche

Die Geburt eines Kindes wird seit jeher mit speziellen Bräuchen begleitet. Die Riten sollten Glück bringen, das Böse verscheuchen, dem Neugeborenen besondere Eigenschaften verleihen oder ganz einfach der Nachbarschaft verkünden, dass der Nachwuchs da ist.

Eine kleine Auswahl zum Schmunzeln oder Wiederbeleben:

- Wird die leere Wiege geschaukelt, bekommt das Kind Bauchweh.
- Gießt man den ersten Urin des Kindes unter einen Apfelbaum, bekommt das Kind rote Wangen.
- Schüttet man das blutige Badewasser des frisch geborenen Kindes unter einen Rosenstock, bekommt es ebenfalls einen rosigen Teint.
- Die Geburt eines Kindes wird am nächsten Tag den Nachbarn mitgeteilt.
- Ein Klapperstorch oder Kinderwagen auf dem Dach signalisieren allen Passanten, dass hier ein neuer Erdenbürger das Licht der Welt erblickt hat. Das Gleiche gilt für eine Wäscheleine mit Babywäsche vor dem Haus.
- Die Plazenta des Babys wird eingegraben und ein Lebensbaum darauf gepflanzt.

Werden Geschwister früh auf das Baby eingestimmt, wird dieses liebevoll empfangen.

1.

Willkommen daheim!

Das Baby ist zu Hause angekommen. Alles ist neu, nicht nur für das kleinste Familienmitglied, sondern auch für Sie und Ihren Partner, da der Alltag durch das Kind einen ganz neuen Charakter erhält. Nutzen Sie die ungeahnten Chancen, die diese kostbare erste Zeit bereithält, um sich ohne Druck und Stress kennen, vertrauen und lieben zu lernen.

Wohin führte der erste Spaziergang im Kinderwagen? Wann war das?

Wer waren die ersten Besucher? Wann kamen sie?

Was waren die ersten Geschenke?

Babys erster Schlafplatz: Wo schläft es in der Nacht, wo am Tag?

Wie oft wird das Baby gestillt oder bekommt das Fläschchen?

....

....

....

Wann war das erste Vollbad? Wie klappt es mit dem Waschen, Umdrehen und dem ganzen Drumherum?

....

....

....

Wie wird das Baby gewickelt – mit Stoff- oder Einmalwindeln? Wie oft am Tag müssen Sie Ihren Schatz wickeln?

....

....

....

Wie gestalten sich die ersten Tage als Mutter und Vater? Wie sieht der neue Tagesablauf aus?

....

....

....

....

Wie verlaufen die ersten Nächte?

....

....

....

....

Schöner Busen: baden, cremen und wickeln

Der Busen hat als Nahrungsquelle für das Baby eine wichtige Aufgabe übernommen, die ihn hin und wieder ganz schön fordert. Wenn die prall gefüllten Milchdrüsen oder wunden Brustwarzen schmerzen, lässt sich das unbehagliche Gefühl aber fast immer mit ein paar Pflegetipps verscheuchen.

Vor dem Stillen

Um die Milch in Fluss zu bringen, legen Sie vor dem Stillen für fünf Minuten einen feuchtwarmen Waschlappen oder eine Baumwollwindel auf die Brüste. Reinigen Sie damit abschließend gleich noch die Brustwarzen, um Rückstände von Cremes und anderen Pflegemitteln zu entfernen.

Nach dem Stillen

Jetzt tut eine Kühlung gut: Reiben Sie die Brüste mit einem kalten Waschlappen ab oder stellen Sie eine kleine Plastikwanne auf den Küchentisch und füllen Sie diese mit kühlem Wasser. Stellen Sie sich mit nacktem Oberkörper darüber und hängen Sie Ihre Brüste hinein, solange es gut tut. Auch ein Quarkwickel bringt Kühlung und hilft bei einem Milchstau genauso wie bei zu viel Milch: Falten Sie dafür zwei Baumwollwindeln zu Dreiecken und bestreichen Sie diese jeweils dick mit kaltem Quark. Wickeln Sie die Windeln dann mit der Quarkseite nach unten um die nackten Brüste und legen Sie lose ein Handtuch darüber, damit Sie nicht frieren. Nach rund 20 Minuten nehmen Sie die Quarkwickel wieder ab und wischen die Quarkreste mit einem kühlen Waschlappen fort. Cremen Sie die Brüste nach jeder Kühlung mit einer Feuchtigkeitslotion ein oder besprühen Sie sie mit einem hautpflegenden Aloe-vera-Spray.

TIPP

Wunde Brustwarzen

Um wunden Brustwarzen vorzubeugen oder die Heilung zu beschleunigen, verstreichen Sie nach dem Stillen etwas Muttermilch auf den Brustwarzen und lassen sie an der Luft trocknen. Auch Rotlicht hilft: Setzen Sie sich mit bloßem Oberkörper in ausreichender Entfernung für rund fünf Minuten davor – am besten vor jedem Stillen. Tragen Sie Stilleinlagen aus Bourette-seide (gibt's im Sanitätshaus und in gut sortierten Drogeriemärkten). Wird das Stillen sehr schmerzhaft, lindern Stillhütchen und Lanolinsalbe aus der Apotheke die Beschwerden.

Platz für ein Erinnerungsfoto

Am Ende des 1. Monats

Erlebnisse der letzten vier Wochen ……………………………………

»Unschuld ist das Kind
und Vergessen,
ein Neubeginn, ein Spiel,
ein aus sich rollendes Rad,
eine erste Bewegung,
ein heiliges Jasagen.«

Friedrich Nietzsche

2.

Der zweite Monat

Mit einem ersten Lächeln antwortet das Baby auf liebevolle Zuwendung. Zarte Berührungen vermitteln ihm ein Gefühl der Geborgenheit und stärken die Beziehung zwischen Eltern und Kind.

Die 5. bis 8. Woche

Mein Kalender

- Eltern, deren Nachwuchs häufig weint und sich nur schwer beruhigen lässt, können sich bei Mütter- und Familienzentren nach sogenannten **Schreisprechstunden** erkundigen.
- Bei Stillproblemen helfen **Stillberaterinnen** der La Leche Liga oder der Besuch einer **Stillgruppe** (zum Beispiel in einem Mütterzentrum). Adressen finden sich auch unter www.stillgruppen.net.
- Ab der fünften Woche können Sie einen **Babymassage-Kurs** besuchen. Infos gibt es unter anderem bei Volkshochschulen, Familienzentren, Geburtshäusern und Hebammenpraxen.
- Auch wenn Sie bereits im Wochenbett erste leichte Übungen zur Rückbildung der Gebärmutter und Stärkung des Beckenbodens durchgeführt haben, ist ein **Rückbildungskurs** ratsam. Fast immer wird dort auch der Nachwuchs betreut. Infos gibt es bei Volkshochschulen, Familienzentren, Geburtshäusern oder Hebammenpraxen.
- Zwischen der sechsten und achten Woche steht Ihre **Abschlussuntersuchung** beim Frauenarzt an. Er schaut noch einmal, wie weit sich die Gebärmutter zurückgebildet hat, ob die Dammnaht verheilt ist (falls bei der Geburt geschnitten wurde) und ob Blut- und Urinwerte in Ordnung sind. Wichtig: **Mutterpass** nicht vergessen!

Termine rund ums Baby ....

....

....

....

Messen und Wiegen

Datum .... Größe des Babys .... Gewicht des Babys ....

So entwickelt sich das Baby

- **Gewicht:** zwischen 4 und 5,3 Kilo
- **Größe:** 53 bis 58 Zentimeter
- **Kleidung:** Das Baby hat in diesem Monat Kleidergröße 56, Strumpfgröße 00, Mützenmaß 40.
- **Das erste Lächeln:** Nun ist es so weit – das Baby erwidert Ihren liebevollen Kontakt mit einem unwiderstehlichen kleinen Lächeln.
- **Kleine Lautübungen:** Töne wie »a«, »ä«, »ähä« entweichen Babys Lippen meist kurz vor dem Einschlafen oder dem Aufwachen, wenn es auf dem Rücken liegt.
- **Hände auf:** Waren die kleinen Hände anfangs noch oft zur Faust geschlossen, öffnet das Baby sie jetzt immer häufiger.
- **Schwankendes Köpfchen:** Leicht wackelnden Hauptes schafft es der Säugling jetzt, seinen Kopf in sitzender Position rund fünf Sekunden alleine zu halten. Auch in der Bauchlage bleibt der Kopf beim Anheben mehr und mehr in der Mitte, ohne wie noch vor ein paar Tagen sofort zur Seite zu kippen.

Meine Gedanken

Zeit für Berührungen: zärtliche Babymassage

Sanfte Streicheleinheiten genießen schon die Kleinsten der Kleinen – sie beruhigen, machen zufrieden und vertiefen die Vertrautheit zwischen Eltern und Kind. Nutzen Sie die Babymassage deshalb, um mit Ihrem Baby Blickkontakt aufzunehmen. Reden Sie ruhig mit ihm, erklären Sie ihm jeden Handgriff. So kommen Sie über Haut, Augen und Gehör in ein inniges Zwiegespräch mit Ihrem Kind. Und das fördert seine geistige und körperliche Entwicklung.

Wann und wo wird massiert?

Eine Babymassage bietet sich immer dann an, wenn Ihr Kind weder zu satt noch zu müde oder zu hungrig ist. Hat es nach dem Schlafen und Trinken noch einmal ein wenig entspannt, ist es gerade aktiv genug für gezielte Streicheleinheiten. Auch das Wickeln, Waschen oder Abtrocknen nach dem Baden lässt sich gut mit einer Massage verbinden, zumal das Baby dann ohnehin bereits entkleidet ist.
Legen Sie Ihr Kind für die Massage auf die Wickelkommode oder auf den Boden (mit Decke plus Frotteetuch). Die Raumtemperatur sollte sehr warm sein, damit das nackte Baby bei der Massage nicht friert. Wählen Sie im Winter einen Platz nahe der Heizung oder schalten Sie zusätzlich einen Heizstrahler an. Da das Baby während der Massage keine Windel trägt, empfiehlt es sich, weiche Papiertücher in greifbarer Nähe zu halten. Sollte sich tatsächlich genau jetzt ein großes Geschäft ankündigen, erkennen Sie das oft schon an den auffälligen Bewegungen des Bauches – und Sie können schnell reagieren.

Wie wird massiert?

Ob Sie die Massage lieber mit trockenen Händen oder mit einem pflegenden Öl durchführen, hängt davon ab, was Sie selbst als angenehmer empfinden. Wenn Sie ein Öl benutzen, sollte es auf jeden Fall ein natürliches sein. Sehr gut eignet sich zum Beispiel Mandelöl. Fügen Sie diesem noch einen Tropfen natürliches ätherisches Lavendelöl aus kontrolliert biologischem Anbau zu, verstärkt sich die beruhigende Wirkung der Massage.
Füllen Sie das Öl in ein Gläschen und stellen Sie dieses in eine Schüssel mit warmem Wasser, damit es sich etwas erwärmt. Dann schütten Sie sich ein wenig Öl auf die Hand und verreiben es in den Handflächen, bis sich Ihre Hände wohlig warm anfühlen.

Sanfte Striche von Kopf bis Fuß

Worauf es beim Massieren vor allem ankommt, ist die richtige Intensität der Handgriffe. Die Berührungen sollten sanft sein, aber nicht so leicht, dass sie das Baby kitzeln. Kräftigere Handbewegungen gilt es zu vermeiden. Fast noch wichtiger ist es jedoch, sich wirklich Zeit zu nehmen und sehr langsam zu massieren. Denn schnelle Bewegungen wirken anregend und bewirken genau das Gegenteil von dem, was Sie erreichen wollen: Ihr Baby wird nervös und unruhig anstatt sich zu beruhigen.

Und so könnte eine einfache Massage aussehen: Streichen Sie zunächst sanft mit beiden Händen von der Stirn des auf dem Rücken liegenden Babys zu den Schläfen, dann von Nase und Mund zu den Ohren. Legen Sie Ihre Hände wie ein Mützchen auf den kleinen Kopf und fahren Sie hinunter über den Hals und über die Schultern.

Legen Sie nun Ihre Hände nebeneinander auf den Brustkorb und streichen Sie von der Mitte über die Rippen nach außen.

Den Bauch massieren Sie mit einer flachen Hand. Streichen Sie dabei im Uhrzeigersinn um den Nabel. Danach legen Sie beide Hände rechts und links auf den unteren Bauch. Die Finger zeigen dabei nach außen, die Daumen berühren sich. Streichen Sie von hier aus über das Becken die Beine hinunter und über den Fußrücken hinaus.

Drehen Sie das Baby nun vorsichtig auf den Bauch. Legen Sie Ihre Hände auf Schulterhöhe rechts und links neben die zarte Wirbelsäule und streichen Sie von innen nach außen. Massieren Sie auf diese Weise den ganzen Rücken von oben nach unten. Legen Sie beide Hände auf die Pobacken des Babys – die Finger zeigen nach außen, die Daumen berühren sich. Streichen Sie von hier die Beine hinunter über die Fersen hinweg.

Zum Abschluss massieren Sie Hände und Füße des Babys. Nehmen Sie dazu die kleinen Hände in Ihre und massieren Sie mit dem Daumen sanft die Handinnenflächen. Genauso streicheln Sie anschließend die winzigen Fußsohlen.

Achtung: Wenn Sie mit Öl massieren, behandeln Sie Hände und Gesicht des Babys nicht, damit das Öl nicht in die Augen oder den Mund gelangen kann.

INFO

Babymassage – die unterschiedlichen Ansätze

Bei der Schmetterlingsmassage nach Dr. Eva Reich steht die Entspannung von Mutter und Kind sowie das Vertiefen der Bindung im Vordergrund. Die sehr sanften Berührungen sind ab der ersten Lebenswoche möglich und sollen die Lebensenergie in Fluss bringen. Dr. Frédérick Leboyer stellt in seinem Buch »Sanfte Hände« die traditionelle Kunst der indischen Babymassage vor und verrät, wie Sie dem Urbedürfnis des Säuglings nach sanfter Berührung und Streicheleinheiten entgegenkommen können. Die etwas kräftigere Massage eignet sich ungefähr ab der fünften Woche.

2.

Von Kopf bis Fuß: sanft gewaschen und gepflegt

Die tägliche Pflege des Säuglings bietet eine wunderbare Gelegenheit, Nähe und Kontakt zu genießen und zu vertiefen. Die aufmerksamen, zarten Berührungen unterstützen zudem die Bildung eines gesunden Selbstwertgefühls – Babys entdecken ihre Umwelt nämlich besonders mithilfe der Haut. Wenn die Liebe regelrecht unter die Haut geht, kann das Kind sie nicht nur wahrnehmen, sondern sie vermittelt ihm auch ein Gefühl der Sicherheit und Geborgenheit. Nehmen Sie sich also Zeit und lassen Sie beim Wickeln, Waschen und Cremen das Schmusen nicht zu kurz kommen.

Waschen und Baden

Für die tägliche Wäsche verwenden Sie am besten reines lauwarmes Wasser mit ein paar Tropfen Olivenöl. Tauchen Sie einen Waschlappen hinein und reiben Sie Ihr Kleines sanft vom Kopf bis zu den Füßen damit ab. Wickeln Sie es anschließend sofort in ein warmes Handtuch, damit es sich nicht verkühlt. Aus dem gleichen Grund sollte das Badezimmer auf etwa 23 °C geheizt werden. Wenn Sie Ihr Baby auf der Wickelkommode waschen, machen Sie den Heizstrahler an.

Ist der Nabelstumpf bereits abgefallen, können Sie Ihr Baby das erste Mal baden – ein Moment, den die meisten Eltern nie vergessen werden. Füllen Sie die Babywanne mit 37 °C warmem Wasser und geben Sie wiederum etwas Olivenöl hinzu. Benutzen Sie keine Schaumbäder oder Seifen, da sie die Haut austrocknen. Baden Sie Ihr Baby auch nicht zu oft – einmal pro Woche genügt. Nach dem Baden pflegen Sie die zarte Haut mit einer leichten Baby-Körpermilch.

Wickeln

Rund sechsmal am Tag muss Ihr Kleines in den ersten Wochen gewickelt werden. Reinigen Sie den Po dabei mit einem Waschlappen und warmem Wasser und trocknen Sie ihn mit weichen Papiertüchern ab. Entfernen Sie vorhandenen Stuhl vorher ebenfalls mit Papiertüchern. Verzichten Sie sooft es geht auf Feucht- oder Öltücher, die die Haut unnötig reizen. Ist der Windelbereich leicht gerötet, tragen Sie zusätzlich eine Wundschutzcreme auf. Bei entzündeten Hautstellen helfen Zinkpaste, Sitzbäder mit Eichenrindentee (aus der Apotheke) und viel frische Luft am Po.

Nagelschneiden

Ragen die kleinen Nägel an Händen und Füßen über die Kuppen hinaus, schneiden Sie sie mit einer abgerundeten Babynagelschere. Mag Ihr Baby die Prozedur nicht mitmachen, kürzen Sie die Nägel im Schlaf. Oder Ihr Partner schneidet sie, während Sie stillen oder das Fläschchen geben.

Pflege durch Wärme und Liebe

Auch durch die innige Berührung bei der Pflege wird die Beziehung zwischen Eltern und Baby gestärkt. Und das umso mehr, wenn die Produkte diesen Austausch noch vertiefen. Wie aber können Pflegeprodukte solchen Anforderungen gerecht werden? Dipl. Agraringenieur Michael Straub, verantwortlich für den Heilpflanzengarten von Weleda in Schwäbisch Gmünd, erklärt das Zusammenspiel von Mensch und Natur.

Herr Straub, gibt es im Heilpflanzengarten von Weleda Pflanzen, die extra für die Babypflege angebaut werden?
Ja, die bewährte Heilpflanze Calendula. Sie ist Hauptbestandteil unserer Babypflegeprodukte. Schon die warm leuchtenden Farbtöne ihrer Blüten künden von den wärmenden und heilenden Qualitäten der Pflanzenwirkstoffe. Sorgfältig verarbeitet unterstützen sie feine Babyhaut darin, gesund und widerstandskräftig zu werden. Sie müssen diese Blume nur ansehen, um zu erfahren, worin ihre Aufgabe liegen könnte: Sie wächst und treibt aus – schnell, unermüdlich und üppig. So wie die Haut eines kleinen Kindes sich sehr schnell entwickelt.

Ist das der einzige Grund, warum gerade Calendula für die Babypflege verwendet wird?
Frisch geerntete, biologisch-dynamisch angebaute Calendulablüten tragen ein Höchstmaß an vitalen, wertvollen Substanzen, die der Haut besonders während Entwicklungs- und Wachstumsphasen zugute kommen. Wissenschaftliche Untersuchungen haben erwiesen, dass die Inhaltsstoffe entzündungshemmend wirken und helfen, sensible oder gereizte Haut wieder ins Gleichgewicht zu bringen. Die Erfahrung zeigt, dass unsere Produkte mit Calendula augezeichnet vertragen werden.

Wie können Pflanzen die wohltuende Wärme und das natürliche Licht, die sie selbst empfangen haben, überhaupt an das zarte Baby weitergeben?
Auszüge aus Pflanzen, die unter besten Bedingungen in einer gesunden Umgebung wachsen und gedeihen konnten, geben ihre Lebenskraft auch im fertigen Produkt durch ein hohes Maß an wichtigen Inhaltsstoffen weiter. Das fördert die gesunde Entwicklung der zarten Babyhaut. Sogar Licht und Wärme werden durch die hohe Vitalität der Pflanzen – von der Wurzel bis zur Blüte – spürbar.

Trost für weinende Babys

Nicht nur für Sie, auch für das Baby ist das Leben nach der Geburt eine große Umstellung: heraus aus dem schützenden Bauch der Mutter, hinein in eine neue Welt mit Tagesrhythmen, Hunger, Müdigkeit, Bauchweh, Sehnsucht nach Geborgenheit oder anderen kleinen Kümmernissen. Da sich das Kind noch nicht anders ausdrücken kann als mit Weinen, liegt es an den Eltern herauszufinden, was ihm fehlt und wie sie es beruhigen können.

Warum weint das Baby?

Auch wenn Sie anfangs noch nicht genau wissen, warum Ihr Baby weint: Zuerst einmal ist es wichtig, dass Sie es tröstend im Arm halten. Überprüfen Sie dann, ob das Kleine eine volle Windel hat oder hungrig ist. Trifft beides nicht zu, ist eventuell seine Temperatur erhöht oder es hat im Bettchen geschwitzt beziehungsweise gefroren.

Er ist nicht nur bequem, sondern hilft auch gegen Blähungen: der Fliegergriff.

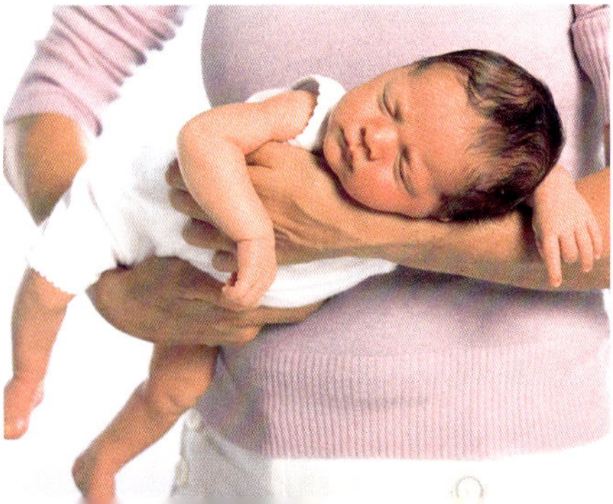

Ein weiterer Grund fürs Weinen können Blähungen sein: Streichen Sie mit der flachen Hand unter leichtem Druck eine sogenannte Windsalbe (aus der Apotheke) im Uhrzeigersinn um den Nabel des Babys. Nehmen Sie es danach bäuchlings in den Fliegergriff (siehe Foto) und schwingen Sie es leicht hin und her. Bei starken Blähungen oder den sogenannten Dreimonatskoliken helfen zusätzlich lauwarmer Fencheltee aus dem Fläschchen, ein leicht erwärmtes Kirschkernsäckchen auf dem Bauch oder eine Fußreflexzonenmassage mit Windsalbe. Kneten Sie dafür die Füßchen sanft und massieren Sie die Fußsohlen mit kreisendem Daumen im Uhrzeigersinn. Das unterstützt die Arbeit des Darms.
Wichtig: Um Blähungen vorzubeugen, vermeiden Sie als stillende Mutter selbst alle blähenden Speisen. Erhält Ihr Baby Fläschchennahrung, darf das Saugerloch nicht zu groß sein. Sonst trinkt das Kind zu hastig, kann sich verschlucken und es gelangt Luft in den Darm, die wiederum zu Blähungen führt.

Gefühlvolle Kontakte helfen

Wenn das Baby weint, braucht es schnelle Hilfe. Muss es lange auf die ersehnte Ankunft von Mutter oder Vater warten, verschlimmert sich das Weinen und das Kind fühlt sich einsam und verlassen. Das kann sich nachteilig auf die gesunde seelische

Entwicklung und den Aufbau des nötigen Urvertrauens auswirken. Lassen Sie Ihren Schatz daher niemals aus erzieherischen Maßnahmen lange weinen – in der Hoffnung, das Kind würde so von selbst damit aufhören. Durch häufiges Trösten und Liebkosen wird ein Baby niemals verwöhnt, es fördert im Gegenteil seine Entwicklung.

Fest gewickelt: Geborgenheit durch Pucken

Will sich das weinende Baby gar nicht beruhigen und schreit es lauthals, probieren Sie es einmal mit Pucken. Dazu wickeln Sie es fest in eine leichte Wolldecke oder ein Moltontuch. So umhüllt fühlt es sich wie im Bauch der Mutter: Es spürt Grenzen rundum und die geben ihm Sicherheit. Die Wärme reduziert zudem das Entstehen von Blähungen und fördert den Schlaf. Und so wird gepuckt: Breiten Sie eine Babydecke oder eine Moltontuch auf dem Boden aus und klappen Sie eine Ecke etwa 20 Zentimeter nach innen. Legen Sie das Kind so auf die Decke, dass der Kopf über dem Einschlag liegt und die Kante mit den Schultern des Babys abschließt. Nehmen Sie die Ecke der Decke, die unterhalb der kleinen Füße liegt, in die Hand und legen Sie sie unter die linke Schulter des Babys. Führen Sie den linken Deckenzipfel über das Baby und schlagen Sie ihn unter der gegenüberliegenden Körperhälfte ein. Die letzte Ecke der Decke wird fest um den Körper des Babys gewickelt. Fixieren Sie die Decke in Höhe der Oberarme mit einem Schal.

Wenn Sie nicht selbst wickeln möchten, können Sie auch auf einen Pucksack aus dem Babyfachgeschäft zurückgreifen. **Wichtig:** Achten Sie darauf, dass es dem Kind nicht zu warm wird. Ein Body für darunter genügt.

INFO

Was ist ein Schreibaby?

Ein Schreitagebuch hilft herauszufinden, ob Ihr Säugling ein Schreibaby ist. Tragen Sie darin ein, wann und wie lange Ihr Kind unzufrieden ist. Weint es mehr als drei Stunden am Tag und das an mehr als drei Tagen die Woche und über einen Verlauf von mehr als drei Wochen, schreit es tatsächlich übermäßig. Doch keine Sorge: Bei rund 25 Prozent aller Schreibabys gibt sich das Problem im Lauf der Zeit von selbst. Allerdings kann das anhaltende Weinen auch zu chronischer Unruhe und Entwicklungsstörungen führen. Die Nerven der Eltern strapaziert es auf jeden Fall. Suchen Sie daher rechtzeitig Hilfe in einer Schreisprechstunde oder Schreiambulanz. Entsprechende Anlaufstellen finden Sie unter www.trostreich.de. Oder Sie fragen in der örtlichen Kinderklinik oder beim Kinderarzt.

Das erste Vollbad als Mutter: Entspannung pur

Nach gut sechs Wochen ist es endlich so weit: Der Wochenfluss ist vorüber und einem Vollbad steht nichts mehr im Wege. Gönnen Sie sich jetzt einen Moment der Entspannung pur – entweder wenn das Baby schläft oder Vater, Oma oder Freundin sich um das Kleine kümmern.

Zitronen-Oliven-Bad

Der erfrischende Duft der Zitrone, gepaart mit den reinigenden Fähigkeiten des sauren Safts versprechen Entspannung und Pflege zugleich – zumal Zitronensaft den natürlichen Säureschutzmantel der Haut regeneriert.
Und so kommen Sie in den Genuss: Füllen Sie die Badewanne mit warmem Wasser (nicht heißer als 38 °C). Geben Sie den Saft von zwei gepressten Zitronen in den Wasserstrahl und verteilen Sie zum Schluss die Scheiben zweier unbehandelter Früchte auf der Wasseroberfläche.
Hautpflege der Extraklasse verspricht eine Hand voll Olivenöl, das Sie auf Ihrem Körper verteilen, kurz bevor Sie in das wohlige Zitronenbad steigen. Während Sie das warme Wasser genießen, massieren Sie mit beiden Händen sanft von den Zehen aufsteigend über die Beine, den Po und den Bauch, über den Rücken (so weit Sie ohne Verrenkungen kommen), die Brust, die Arme und den Hals.

Nach einer guten Viertelstunde Relaxen und Träumen beenden Sie das Bad mit einer kräftigeren Massage. Rubbeln Sie dazu mit einem Wasch- oder Luffa-Handschuh die Haut von den Zehen bis zum Hals kräftig ab. Das durchblutet, kurbelt den Kreislauf an und entfernt abgestorbene Hautzellen. Nach dem Abtrocknen fühlen Sie sich wie neu geboren – und das Eincremen können Sie sich sparen.

TIPP

Gesund von innen – Vitaldrink zum Zitrusbad

Dieser Drink liefert Ihnen reichlich Vitalstoffe – dank Vitamin C. Das Kalzium aus der Buttermilch festigt die Knochensubstanz.

Zutaten:
2 Orangen
1 Spritzer Zitronensaft
100 ml Buttermilch
1 EL Weizenflocken
1/2 TL Birnendicksaft

Die Orangen pressen. Saft mit den restlichen Zutaten in den Mixer geben. Alles einmal durchmischen und in ein hohes Glas füllen. Gut gekühlt schmeckt der Shake besonders gut.

Platz für ein Erinnerungsfoto

Am Ende des 2. Monats

Erlebnisse der letzten vier Wochen ....

»Glücklicher Säugling! Dir ist ein unendlicher Raum noch die Wiege. Werde ein Mann, und dir wird eng die unendliche Welt.«

Friedrich Schiller

3.

Der dritte Monat

Mit bewegtem Blick und fest umklammerter Rassel verkündet das Baby seine Bereitschaft zu spielen und zu lernen. Dabei bekräftigt es mit wohligen Lauten seine Zufriedenheit.

3.

Die 9. bis 12. Woche

Mein Kalender

- **Anmeldung zur U4**, die zwischen dem dritten und vierten Lebensmonat des Babys durchgeführt wird.
- In der neunten Woche wird eine **Impfung** gegen Diphterie-Pertussis-Tetanus, Hib, Polio und Hepatitis B empfohlen (Sechsfach-Impfung).
- Ab jetzt bietet sich ein **Babyschwimmkurs** an, allerdings nur, wenn der Nabel des Babys bereits vollständig verheilt ist. Ihr Baby sollte außerdem keinen Infekt haben und sein Köpfchen schon etwas heben und halten können. Und weil Sie selbst mit ins Wasser steigen, sollte auch der Wochenfluss zu Beginn des Kurses vorbei sein.
- Sobald der Wochenfluss vorüber ist, können Sie mit Ihrem Kind **zusammen in der Badewanne** planschen. Über den Hautkontakt fördern Sie die Beziehung zum Baby – ebenso wie über das Spiel im warmen Wasser, bei dem das Baby spritzen und strampeln darf so viel es will. Das gemeinsame Bad ist auch für den Vater eine gute Gelegenheit, zärtliche und intensive Bande zum Baby aufzubauen.
- Bieten Sie Ihrem Kind **Spielzeug** zum Betrachten an. Hängen Sie ein Mobile oder Püppchen so auf, dass sich das kräftig strampelnde Baby nicht darin verheddern kann – und sich das Band auf keinen Fall um den Hals schlingt.

Termine rund ums Baby ....

....

....

....

Messen und Wiegen

Datum .... Größe des Babys .... Gewicht des Babys ....

So entwickelt sich das Baby

- **Gewicht:** zwischen 5,3 und 6 Kilo
- **Größe:** 58 bis 60,5 Zentimeter
- **Kleidung:** Das Baby hat in diesem Monat Kleidergröße 62, Strumpfgröße 00, Mützenmaß 41.
- **Bewegter Blick:** Dem starr gerichteten Blick beim Betrachten eines Gegenstandes oder Gesichtes folgt nun das gezielte Nachverfolgen. Wenn Sie einen Gegenstand langsam vor dem Gesicht Ihres Babys hin und her führen, bewegen sich seine Augen von einem Augenwinkel zum andern.
- **Greifen und Festhalten:** Legen Sie dem Säugling eine Klapper oder Rassel in die Hand, hält er sie fest umschlossen und kann sie sogar schon bewegen.
- **Kopfhaltung:** Wenn das Baby auf Ihrem Schoß sitzt, kann es seinen Kopf mindestens eine halbe Minute alleine hoch halten. In der Bauchlage schafft es dies rund doppelt so lang. In dieser Haltung kann es sich jetzt auch auf seine Unterarme aufstützen.
- **Gurgellaute:** Tief aus der Kehle steigen gurgelnde Laute wie »rrrr« oder »eche« auf, mit denen das Baby seine Zufriedenheit auszudrücken scheint.

Meine Gedanken

Reise ins Land der Träume: die Gute-Nacht-Geschichte

Wenn Sie Ihr Kind abends zur Nacht betten, hilft eine kleine Geschichte dabei, den Säugling sanft auf den Schlaf vorzubereiten. Doch nicht nur das Vorlesen aus Büchern regt die Phantasie zum Träumen an, auch die gemeinsamen Erinnerungen an die Ereignisse des Tages heißen die Nachtruhe willkommen.

TIPP

Das Abendbuch – zum Schlafen und Erinnern

Wollen Sie den Tag vor der Nacht noch einmal Revue passieren lassen? Dann führen Sie doch einfach ein persönliches Abendbuch. Darin halten Sie die kleinen und großen Abenteuer der letzten Stunden schriftlich fest und schicken sie mit Tinte auf Papier schlafen. So ein Abendbuch ist nicht nur eine schöne Erinnerung für später, sondern hilft Ihnen schon jetzt, das neue Leben mit Baby noch besser kennen und lieben zu lernen. Schließlich setzen wir uns viel eher mit dem einen oder anderen Problem auseinander, wenn wir es aufschreiben. Es fallen uns dabei oft auch Lösungen ein, die uns im turbulenten Alltag gar nicht in den Sinn kommen.

Frühe Lesefreude

Indem Sie ihm regelmäßig vorlesen, können Sie Ihr Baby schon im frühen Alter an das Lesen heranführen. So entdecken die Kleinen die Welt der Sprache rechtzeitig auf spielerische Weise – und das noch dazu in kuscheliger Zweisamkeit mit Mama, Papa, Oma oder Opa. Schon mit wenigen Minuten pro Tag schaffen Sie die Grundlagen für eine lebenslange Lesefreude – und damit auch den Zugang zu einer Welt voller Wissen.

Als Lesestoff eignen sich Geschichten vom Bauernhof, Tiergeschichten, Erzählungen über Ausflüge oder unterhaltsame Alltagsgeschichten, die ruhig frei erfunden sein können, aber stets ein gutes Ende haben sollten. Vermeiden sollten Sie spannende Geschichten oder gruselige Märchen, die allein durch die Stimmlage während des Vorlesens Angst auslösen können.

Und: Wiederholungen sind erlaubt und beliebt! Sie brauchen also keine Riesenbibliothek, sondern können ruhig immer wieder das gleiche Buch vorlesen. Wenn Ihr Kind etwas größer ist, wird es sogar von sich aus immer wieder die bekannte Geschichte fordern.

Zum Vorlesen und Träumen

Schon kleine Kinder lieben Reime. In der Sprachrhythmik erkennen sie bereits jetzt eine Struktur, die ihnen als Orientierungshilfe dient. Warum erzählen Sie Ihrem Baby abends also nicht einfach eine kurze selbst erfundene Gute-Nacht-Geschichte mit Reimen? Das ist gar nicht so schwer – Sie können dafür zum Beispiel einen bekannten Kinderreim oder ein Lied umtexten. Oder Sie versuchen es einmal mit der folgenden Erzählung vom kleinen Männchen Schoschu. Den letzten Vers singen Sie in der Melodie von »*Schlaf, Kindchen, schlaf*«. Auf diese Weise begleiten Sie Ihren Schatz ganz sanft ins Land der Träume.

Schoschus leise Reise

Kennst du Schoschu? Ja, den kennst du,
der macht doch die Tür vom Tag zu.

Das kleine Männlein, so groß wie dein
Daumen,
kommt jetzt zu dir zum Träumen.
Schließ deine Augen, dann wirst du staunen!

Siehst du ihn laufen, auf roten Strümpfen
mit kurzer Hose
und einem Rucksack auf seinem Rücken?
Daraus schaut eine rote Rose
mit einem Gesichtchen – zum Entzücken.

Schoschus Weg geht über die Wolken,
Schritt für Schritt
bewegt er sich hin zu einem herrlichen Licht.
Mal Blau, mal Grün, mal Gelb sieht Schoschu
die Strahlen,
die ihm den Weg zu einem kleinen
plätschernden Bache malen.

Dort am Ufer schaukelt ein Boot aus Holz,
das ist Schoschus ganzer Stolz:
sein Bettchen für die Nacht,
das er sich jeden Morgen aufs Neue macht.

Mit Kissen und Decken
kann sich Schoschu im Boot herrlich
ausstrecken.
Die ganze Nacht,
wenn die rote Rose ihn Stunde für Stunde
bewacht.

Und der Mond ist auch dabei, denn er liebt
sie beide:
Schoschu und seine Rose, die ganz leise
in wunderbarer Weise
ihr Lied zu den Sternen singt:

»Schau, Schoschu, schau,
der Himmel ist dunkelblau.
Jetzt schläfst du bis in den Morgen,
träumst so süß, ganz ohne Sorgen.
Schau, Schoschu, schau.«

3.

Rund ums Impfen

Liebe, Pflege, Muttermilch – all das schenkt Ihrem Baby in den ersten Lebenswochen nicht nur Geborgenheit, sondern auch einen gewissen Schutz vor Krankheiten. Trotzdem gibt es viele Infektionen, die nur durch eine rechtzeitige Impfung abgewehrt werden können.

Sicherer Impfschutz

Noch nie waren Impfstoffe so sicher und verträglich wie heute. In der Regel werden sogenannte Kombinationsimpfstoffe verabreicht, die mit einem einzigen Pieks vor Diphtherie, Keuchhusten, Kinderlähmung, Wundstarrkrampf und Hepatitis B sowie Infektionen durch Hib schützen – und das gleich bei der ersten Impfung (ab dem dritten Monat). Für einen lebenslangen Schutz müssen bestimmte Impfungen jedoch wiederholt werden. Die empfohlenen Termine stehen auf dem gelben Heft für die kindlichen Vorsorgeuntersuchungen oder werden vom Kinderarzt im Impfpass notiert, in dem alle vorgenommenen Impfungen eingetragen werden.

Ab dem vollendeten elften Lebensmonat wird zusätzlich eine Schutzimpfung gegen Masern, Mumps und Röteln (kurz MMR) empfohlen, die im zweiten Lebensjahr noch einmal wiederholt wird. Auch rät der Arzt ab dem vollendeten zweiten Lebensmonat zu einer Impfung gegen Pneumokokken, die unter anderem Hirnhaut- und Lungenentzündung hervorrufen, oder zu einer Impfung gegen Windpocken (11. bis 14. Lebensmonat). Ab dem sechsten Monat ist darüber hinaus eine Impfung gegen Grippe möglich, die vor allem für Kinder mit einer chronischen Bronchitis, Stoffwechselstörungen oder einer Erkrankung des Herz-Kreislauf-Systems sinnvoll sein kann. Der Schutz hält allerdings nur ein Jahr an und sollte darum jährlich aufgefrischt werden – auch weil sich die Erreger verändern können. Die beste Zeit für eine Grippeimpfung ist übrigens zwischen Oktober und Dezember.

Impfen leicht gemacht

Um besonders schonend zu impfen, setzen Kinderärzte die Spritze meist von der Seite in die Oberschenkelmuskulatur. Auf diese Weise sollen weder Nervenbahnen noch Gefäße geschädigt werden. Es gibt zwar spezielle Sprays, die die Einstichstelle lokal betäuben. In der Regel genügt jedoch die Erfahrung des Kinderarztes, damit der Eingriff für Ihr Baby so schmerzfrei wie möglich bleibt. Ganz wichtig: Um den bestmöglichen Impfschutz zu gewährleisten, sollte das Kind bei der Impfung völlig gesund sein. Verschieben Sie daher den Termin, wenn es Fieber hat, an einer Infektion erkrankt ist, eine Operation ansteht beziehungsweise erst kurz zurückliegt oder das Immunsystem geschwächt ist.

INFO

Was verbirgt sich hinter welchen Namen?

Tetanus (Wundstarrkrampf): Die schwere Erkrankung des Nervensystems wird durch das Tetanus-Bakterium (Clostridium tetani) ausgelöst, das bereits über kleinste Wunden in den Körper eindringen kann. Das Bakterium lebt im Erdboden und ist auf der ganzen Welt verbreitet.

Diphtherie: Das Diphtherie-Bakterium (Corynebacterium diphtheriae) löst eine hoch ansteckende und lebensgefährliche Erkrankung der oberen Atemwege aus. Da Diphtherie in den verschiedensten Reiseländern noch immer häufig auftritt, wird sie nach wie vor auch nach Deutschland gebracht. Diphtherie wird über Tröpfcheninfektion übertragen.

Pertussis (Keuchhusten): Als eine der ansteckendsten Infektionskrankheiten führt Keuchhusten zu erheblichen Atembeschwerden. Besonders Babys und Kleinkinder sind anfällig für die Bakterien (Bordetella pertussis), die durch Husten, Niesen oder Sprechen per Tröpfchen übertragen werden.

Hib (Abkürzung für Haemophilus influenzae b): Das Bakterium kann neben entzündlichen Erkrankungen im Hals-Nasen-Ohren-Bereich auch für eine lebensgefährliche eitrige Hirnhautentzündung oder eine Kehldeckelentzündung verantwortlich sein. Übertragen werden die Bakterien über Tröpfcheninfektion.

Hepatitis B: Das Hepatitis-B-Virus wird durch Körperflüssigkeiten wie Blut übertragen, dringt bereits über kleinste Verletzungen in den Körper ein und führt zu einer Entzündung der Leber. Hepatitis B ist weltweit verbreitet und kann akut (heilbar) oder chronisch (unheilbar) verlaufen.

Poliomyelitis (Kinderlähmung): Das hoch ansteckende Poliomyelitis-Virus, das in einigen Reiseländern sowie in Teilen Afrikas, Indiens oder Pakistans grassiert, gelangt nicht nur über Tröpfchen in den menschlichen Blutkreislauf, sondern auch über indirekten Kontakt mit infektiösen Körpersekreten wie Stuhl oder Urin (zum Beispiel über die Hände), verunreinigte Toiletten und Lebensmittel. Eine Infektion kann zu bleibenden Lähmungen führen und sogar tödlich enden.

MMR (Abkürzung für Masern, Mumps, Röteln): Die drei Viruserkrankungen werden durch Tröpfcheninfektion übertragen und können in der Folge unter anderem eine Hirnhautentzündung entwickeln. Erleiden männliche Jugendliche oder erwachsene Männer durch Mumps eine Hodenentzündung, ist eine spätere Unfruchtbarkeit nicht ausgeschlossen. Eine Röteln-Infektion ist besonders für schwangere Frauen sehr gefährlich, da der Fötus geschädigt werden kann.

3.

Süßer Schlaf: von Ritual bis Rückenlage

Auch wenn Neugeborene nachts doppelt so viel schlafen wie tagsüber, wird dieser Rhythmus doch durch viele Wachphasen unterbrochen. Wachen und Schlafen wechseln sich eben rund um die Uhr ab und hängen zum Teil auch mit dem Hunger beziehungsweise den eingespielten Stillzeiten zusammen.

INFO

So lange schläft das Neugeborene

Es gibt Babys, die weniger Schlaf brauchen (10 bis 14 Stunden am Tag), und solche, die mehr benötigen (bis zu 20 Stunden). Gehört Ihr Kind zu den Wenigschläfern, ist es besser, das Kleine am späten Nachmittag nicht noch einmal hinzulegen – sonst ist es am Abend nicht müde genug und kann nicht einschlafen. Bei Vielschläfern schadet das späte Nachmittagsschläfchen dagegen meist nicht. Wie hoch auch immer der Schlafbedarf Ihres Babys sein mag: Achten Sie für eine gute Nachtruhe darauf, dass dem Zubettgehen die längste Wachzeit des Tages vorangeht.

Leider unterscheidet sich der Rhythmus eines Babys meist gravierend von den Schlafgewohnheiten der Eltern – und raubt diesen jede Menge Schlaf. Sie können Ihren Säugling mit einigen Hilfestellungen aber darin unterstützen, dass immer mehr zusammenhängende Episoden die vielen kurzen Wach- und Schlafzeiten ablösen.

Tag- und Nachtschlaf

Hell und dunkel stellen noch keine Signale für das Baby dar, nach denen es schläft oder wach ist. Um dem Kind den Unterschied zwischen Tag und Nacht und damit zwischen längeren Schlaf- und Wachzeiten zu vermitteln, sollten Sie deutliche Zeichen setzen. Damit es lernt, wann es länger schlafen soll, helfen ständig wiederkehrende Einschlafrituale. Sie stimmen Ihr Baby auf die längere Nachtruhe ein.

- Ziehen Sie Ihrem Baby vor dem abendlichen Zubettgehen einen Schlafanzug an, auch wenn der Strampler genauso bequem wäre.
- Lassen Sie den Rollladen herunter oder ziehen Sie den Vorhang zu, damit das Kind lernt, dass es nichts mehr zu sehen gibt und es ohne Ablenkungen die Nacht genießen soll.
- Danach können Sie Ihrem Säugling ein Abendlied vorsingen, eine kleine Gute-Nacht-Geschichte vorlesen oder ein

Gebet sprechen. Um dem Kind die anstehende Ruhezeit weiter zu verdeutlichen, empfiehlt es sich, mit gedämpfter Stimme zu sprechen und leise zu singen. Ziehen Sie dieses Ritual auch nicht zu sehr in die Länge. Sonst wird das Baby durch die Beschäftigung eher angeregt und dadurch wacher statt müder. Fünf bis zehn Minuten reichen.

- Wünschen Sie Ihrem Baby eine gute Nacht und betonen Sie immer wieder, wie gut es das Kleine hat, weil es jetzt in einem so kuscheligen Bettchen schlafen darf. Wenn Sie das Schlafengehen stets positiv besetzen, wird sich Ihr Kind später selbst freuen können, abends ins wohlige Bett zu gehen.
- Wird Ihr Baby in der Nacht wach, muss es gestillt, gewickelt oder getröstet werden, bleiben Sie bei der leisen Stimme, reden Sie so wenig wie möglich und spielen Sie nicht mit ihm, damit es nicht aktiv wird. Lassen Sie das Licht aus oder lassen Sie es lediglich gedämpft glimmen. Sie können das Baby zum Stillen auch in Ihr Bett mitnehmen und währenddessen selbst ein wenig schlummern. Das alles verdeutlicht ihm die Nachtruhe und hilft zu verhindern, dass das Baby munter wird.
- Lassen Sie Ihr Baby niemals lange im Bettchen schreien. Zum einen wird es dadurch wach und aufgeregt, zum andern braucht es die schnelle Zuwendung, damit Vertrauen und Gewissheit in die elterliche Liebe reifen können.

Gut gebettet

Neugeborene brauchen zum Schlafen eine konstante Zimmertemperatur von 16 bis 18 °C. Das wirkt dem gefürchteten plötzlichen Kindstod, auch SIDS (Sudden Infant Death Syndrome) genannt, genauso entgegen wie die Rückenlage beim Schlafen und der Verzicht auf ein Kopfkissen. Damit es Ihrem Baby nicht zu warm wird, reicht ein passender Sommer- beziehungsweise Winterschlafsack plus Schlafanzug und Unterwäsche. Eine Decke erhöht dagegen die Gefahr der Überwärmung und kann zudem versehentlich Mund und Nase bedecken und so die Atmung behindern. Um einen Wärmestau zu vermeiden (und so SIDS vorzubeugen), sollten Sie im Bett auch auf eine Mütze, eine Wärmflasche, ein warmes Kirschkernkissen, eine wasserdichte Unterlage oder Felle verzichten. Überprüfen Sie außerdem während des Schlafs immer wieder einmal mit dem Fingerrücken am Nacken des Babys seine Körpertemperatur.

Jeden Abend dieselbe Melodie ist nicht langweilig, sondern Teil des Einschlafrituals.

Gegen die Vergesslichkeit

Sie finden Ihr eigenes Auto im Parkhaus nicht wieder, obwohl Sie sich die Platznummer doch ganz fest merken wollten? Sie schauen vor dem Verlassen des Hauses x-mal in Ihre Tasche, um sich zu vergewissern, dass der Hausschlüssel auch wirklich darin ist? Und beim Einkaufen vergessen Sie regelmäßig ein paar Kleinigkeiten? Eins vorweg: Sie sind nicht allein. Viele Frauen stellen nach der Geburt des Kindes eine nie gekannte Zerstreutheit und Gedächtnisprobleme fest. Das kann natürlich ziemlich an der Selbstsicherheit und an der Lebensqualität kratzen.

Machen Sie den Kopf frei

Vergesslichkeit liegt nicht nur an der Hormonumstellung, schließlich haben einige Frauen selbst Jahre nach der Geburt noch mit ihrem Gedächtnis zu kämpfen.
Die schlechte Merkfähigkeit kommt eher daher, dass Babys und kleine Kinder ihre Mütter rund um die Uhr fordern: Alles dreht sich ums Kind, um das ungewohnte Leben mit dem Nachwuchs, den neuen Tagesrhythmus, neue Verantwortung, neue Pflichten, ungewohnte Rollen ...
Und das setzt dem Geist ebenso zu wie dem Körper. Auch Ihr Gehirn braucht hin und wieder eine Pause, damit es abschalten kann und Gelassenheit Einzug hält.

Gehirnjogging

Legen Sie jeden Tag und in regelmäßigen Abständen Ruhephasen ein. Schon fünf Minuten wirken Wunder. Versuchen Sie, in dieser Zeit einmal gar nichts zu machen, und träumen Sie einfach ein bisschen vor sich hin. Räumen Sie außerdem Konzentrationsblockaden aus dem Weg: mit viel frischem Sauerstoff, reichlich Bewegung, mit mindestens zwei Litern Flüssigkeit pro Tag sowie einer ausgewogenen Ernährung aus Gemüse, Obst, Vollkornprodukten und magerem Fleisch.
Fördern Sie zudem die Gedächtnisleistung durch geistige Aktivitäten wie Gedächtnistraining, Sprachen lernen, Kreuzworträtsel lösen, Lesen, Brett- und Kartenspiele oder einen Theater- oder Opernbesuch. Das bringt Ihren Kopf wieder in Schwung.

TIPP

Knobelspaß zur Konzentration

Haben Sie Lust auf Gehirnjogging? Dann finden Sie doch einfach aus dem folgenden Buchstabensalat die 18 versteckten Vogelnamen heraus!

lxnoamseldrosselbammeiselefinkr
klaspechtbfspatzdcalercheyastark
kradlerfichabichtogogeiersperberb
sprifalkechsbussarddenkrabenorp
baientexsustorchmrchbachstelzey

Platz für ein Erinnerungsfoto

Am Ende des 3. Monats

Erlebnisse der letzten vier Wochen ....

....

....

....

....

....

....

....

»Ein Kind ist ein Buch,
aus dem wir lesen und in
das wir schreiben sollen.«

Peter Rosegger

4.

Der vierte Monat

Das Baby wird kräftiger, kann Kopf, Beine und Arme anheben. Immer fröhlicher begegnet es der Welt – besonders wenn es beim Necken und Spaßen laut lacht und voll Begeisterung jauchzt.

4.

Die 13. bis 16. Woche

Mein Kalender

- In der 13. Woche wird eine **Impfung** gegen Diphterie-Pertussis-Tetanus/Hib/Polio empfohlen.
- Füttern Sie Ihr Baby mit der Flasche, dann verwenden Sie ab diesem Monat **Flaschennahrung** mit der Ziffer »1«.
- Von nun an können Sie Ihrem Baby neben Milchkost auch spezielle **Säuglingstees** ohne Zucker und künstliche Aromen gegen den Durst anbieten.
- Spätestens in diesem Monat muss schriftlich das **Elterngeld beantragt** werden. Denn es wird rückwirkend nur für die letzten drei Monate vor Beginn des Monats gezahlt, in dem der Antrag eingegangen ist. Zuständig sind die von der Landesregierung beauftragten Ämter, wie Amt für Versorgung oder Einwohnermeldeamt.
- Sollten Sie noch keine **Eltern-Kind-Gruppe** besuchen, wäre jetzt ein guter Zeitpunkt dafür. Das Spiel unter Gleichaltrigen schult die Kontaktfreudigkeit des Babys. Sie selbst lernen andere Mütter kennen.
- Vermeiden Sie, in der Gegenwart des Babys mit dem Partner oder anderen über es zu sprechen. Zwar versteht das Kind Ihre Worte in diesem Alter noch nicht. Es kann aber schon fühlen, ob Sie sich im **Gespräch** uneinig sind. Außerdem lernt es sehr schnell, aus solchen Situationen Vorteile für sich zu ziehen und die Eltern gegeneinander auszuspielen.

Termine rund ums Baby ....

....

....

....

Messen und Wiegen

Datum .... Größe des Babys .... Gewicht des Babys ....

So entwickelt sich das Baby

- **Gewicht:** zwischen 6 und 6,5 Kilo
- **Größe:** 60,5 bis 62,5 Zentimeter
- **Kleidung:** Das Baby hat in diesem Monat Kleidergröße 62, Strumpfgröße 00, Mützenmaß 42.
- **Hände reichen:** Hat das Baby seine Händchen als Spielzeug entdeckt, hält es sie vor seine Augen oder bringt sie sogar zum Spiel zusammen. Mittlerweile klappt es auch recht gut, die Hand zum Mund zu führen, weshalb Ihr Kind immer öfter Spielzeug in den Mund steckt.
- **Lautes Lachen:** Das anfängliche zarte Lächeln hat sich zum lauten Lachen gemausert – vor allem wenn die Eltern oder Geschwister mit dem Kleinen nach Herzenslust spaßen.
- **Fröhliches Juchzen:** Der Säugling begleitet sein Lachen auch mit Jauchzern in verschiedenen Stimmlagen. Zudem übt sich das Baby weiter im Sprechen und gibt Laute wie »w« oder »f« von sich, indem es Luft durch seine geschlossenen Lippen drückt.
- **Aufrechter Kopf:** Ziehen Sie Ihr Baby an den Händen zum Sitzen hoch, hebt es dabei seinen Kopf mit an. In der Bauchlage hebt der kleine Mensch zum Kopf nun auch seine Arme und Beine an – ein Zeichen dafür, dass sich die Muskeln bereits gut entwickelt haben.

Meine Gedanken ....

....

....

....

Spielend greifen: das schult die Motorik

Mittlerweile sind die kleinen Hände schon beweglicher geworden, und es bereitet dem Baby viel Freude, nach großen und auch kleineren Gegenständen zu greifen. Sobald Sie ihm ein Spielzeug wie eine Rassel oder einen Beißring anbieten, versucht es zuzulangen – und schult damit die Geschicklichkeit der Hände ebenso wie das gesamte Körpergefühl. Selbst die einfachsten Hilfsmittel verleiten Ihr Kind jetzt zum anregenden Spielen.

Watteballchen fangen

Fädeln Sie mehrere bunte Wattebäusche aus dem Drogeriemarkt mithilfe einer Nadel locker auf einen etwa 30 Zentimeter langen Faden. Verknoten Sie die Enden des Fadens nicht, damit das Baby die Watte auch herunterziehen kann. Legen Sie Ihr Kind auf den Rücken und halten Sie die Watteschnur nah vor seine Ärmchen. Hat es die Bäusche ergriffen, halten Sie die Schnur weiter fest und lassen das Baby nach Lust und Laune danach greifen oder daran ziehen. Passen Sie nur auf, dass es die Watte nicht in den Mund steckt.
Für das nächste Wattespiel legen Sie Ihr Baby bäuchlings auf eine Krabbeldecke. Halten Sie die Schnur mit den Wattebäuschen rund 20 Zentimeter so vor seinen Kopf, dass der unterste Wattebausch gerade den Boden streift. Sicher versucht Ihr Kind nun, die Watteschnur zu berühren. Halten Sie die Schnur abwechselnd mal mehr nach links, mal weiter nach rechts, damit das Baby auf beiden Seiten gleichermaßen gefordert wird.
Für das »Wattebällchen-Blasen« benötigen Sie zusätzliche Hilfe, zum Beispiel von Ihrem Partner. Setzen Sie sich mit ausgestreckten Beinen auf den Boden und legen Sie das Kind bäuchlings so auf Ihre Oberschenkel, dass es zu Ihren Zehen schaut. Halten Sie das Baby mit beiden Händen gut am Oberkörper fest, während Ihr Partner auf Ihren Beinen in Knöchelhöhe einzelne Wattebällchen platziert. Dann bläst er eins nach dem anderen sanft in Richtung Baby. Lassen Sie sich überraschen, wie viel Freude Ihr Kleines daran hat.

INFO

Wichtige Bauchlage

Auch wenn Ihr Baby beim Schlafen nicht auf dem Bauch liegen soll: Tagsüber darf es ruhig immer wieder einmal die Bauchlage einnehmen. Schließlich macht diese Position Ihr Baby fit fürs Krabbeln. Anregende Spiele verleiten das Baby zusätzlich, auch einmal etwas länger in dieser anfangs noch anstrengenden Lage zu bleiben.

Wackelnde Bänder

Knoten Sie verschiedene Kräuselbänder (Geschenkband) in unterschiedlichen Längen an ein 20 Zentimeter langes Band. Knüpfen Sie die Bänder eng aneinander und kräuseln Sie jedes zweite Band mit der Schere. Ziehen Sie das fertige Stück mit beiden Händen straff und halten Sie es gut sicht- und greifbar vor das auf dem Rücken liegende Baby. Pusten Sie leicht gegen die Bänder und wecken Sie damit die Lust des Kindes, nach ihnen zu greifen. Legen Sie die Schnur dabei nicht aus der Hand, damit das Baby sie nicht um seinen Hals schlingen kann.
Ist das Kind beim Spielen nur mit einer Windel bekleidet, macht es ihm besonderen Spaß, wenn Sie die Bänder von seinen Zehen bis zum Oberkörper hin und her fahren lassen und es mit den Bändern ganz leicht streicheln.

Was ist das? Immer öfter streckt das Baby die Arme nach interessanten Dingen aus.

Gefüllte Söckchen

Söckchen, aus denen Ihr Baby bereits herausgewachsen ist, eignen sich hervorragend als Greifobjekte. Füllen Sie dazu zwei Söckchen mit unterschiedlichen Materialien wie Erbsen oder einem Weinkorken. Nähen Sie die gefüllten Söckchen gut zu und zusätzlich an der Naht auch noch zusammen. Setzen Sie sich dann auf den Boden und legen Sie Ihr Baby bäuchlings quer auf Ihre Oberschenkel. Der kleine Oberkörper liegt bis zu den Armen fest auf Ihren Beinen, während die Händchen den Boden berühren können. Halten Sie Ihr Kind mit einer Hand auf dem Po gut fest und legen Sie mit der anderen das Söckchenpaar vor die Hände des Kleinen. Hat es die Söckchen ergriffen, regen diese den Tastsinn an.
Eine weiteres Sockenspiel: Füllen Sie zwei Ihrer eigenen Socken bis zur Hälfte der Fußlänge mit Backpapierstreifen. Stülpen Sie sich dann die Socken so über die Füße, dass der gefüllte Teil locker vor Ihren Zehen hängt. Legen Sie Ihr Baby in Bauchlage auf eine Krabbeldecke, setzen Sie sich davor und zeigen Sie ihm Ihre Raschelfüße. Halten Sie dabei einen Abstand von 20 Zentimeter zum Kopf des Kindes und wackeln Sie einfach mit den Füßen hin und her. Wenn das kein Tasterlebnis ist ...

4.

Lindern und vorbeugen: wenn Babys Haut juckt

Ist die weiche, leicht pigmentierte Babyhaut mit ihrem zarten Flaum plötzlich gerötet, juckt sie oder zeigt sie gar Entzündungen, benötigt sie besondere Aufmerksamkeit.

Verletzliche Babyhaut

Die Haut des Säuglings ist sehr empfindlich: Der natürliche Säureschutzmantel funktioniert noch nicht vollständig und die schützende Hornschicht ist noch ziemlich dünn. Deshalb kann herkömmliche Seife die Haut leichter austrocknen als bei Erwachsenen und scheuernde, eng anliegende Windeln und Kleidung lösen bereits Rötungen aus. Die empfindlichsten Hautpartien finden sich beim Baby am Hals, unter den Achseln, in der Leistengegend, den Gelenkbeugen und im Windelbereich. In den feinen Fältchen können sich Fasern und Hautschüppchen absetzen und zu Irritationen führen. Reinigen Sie daher die Partien täglich mit einem weichen Papiertuch, das Sie vorher mit etwas Olivenöl benetzen. Schuld an einem wunden Po ist meist eine Unverträglichkeit, etwa einer Obst- oder Gemüsesorte, die über die Muttermilch aufgenommen wurde. Häufiges Wickeln und Reinigen mit lauwarmem Wasser unterstützen neben speziellen Salben den Heilungsprozess. Verzichten Sie auf Öl- oder Feuchttücher, die Duftstoffe und damit hautreizende Zusätze enthalten können.

Neurodermitis

Ist die Haut Ihres Babys entzündet oder bemerken Sie andere Veränderungen, sollten Sie immer zum Kinderarzt gehen. Denn hinter juckender Haut im Säuglingsalter kann sich auch eine Neurodermitis verbergen, die umgehend behandelt werden sollte. Der Arzt verschreibt dazu kühlende und beruhigende Lotionen, die das Baby davon abhalten sollen, seine Haut aufzukratzen, was zu Infektionen führen könnte. Er wird auch über eine Ernährungsumstellung mit Ihnen sprechen. In einigen Fällen kann die Neurodermitis dadurch von allein abheilen: Die Ekzeme vergehen gegen Ende des zweiten Lebensjahres oder in der Pubertät.

> INFO
>
> *Sauberkeit in Grenzen*
>
> **Haushalte, in denen aus Sorge vor Krankheitserregern beinahe jeder Gegenstand mit Desinfektionsmitteln behandelt wird oder gar die Kuscheltiere des Babys darin gewaschen werden, können das Auftreten von Allergien begünstigen. Herkömmliche Reinigungs- und Waschmittel reichen für die häusliche Sauberkeit und Hygiene völlig aus.**

Das richtige Maß an Pflege

Birgit Laue ist Hebamme und Medical Relations Managerin für den Fachbereich Hebammen bei Weleda.

Frau Laue, woran lässt sich eine zu trockene Haut beim Baby erkennen?

Ist die Haut zu trocken, ist sie weißlich, leicht bis mäßig schuppig, rau und eventuell bereits leicht gerötet. Außerdem ist der Spannungszustand vermindert.

Wie kann eine Mutter den Heilungsprozess der Haut unterstützen?

Da sich alle Neugeborenen in den ersten Wochen nach der Geburt mehr oder weniger stark schuppen, schützt ein rückfettender Badezusatz die Haut vor weiterer Austrocknung oder Einrissen. Für die tägliche Pflege empfiehlt sich eine leichte Pflegecreme. Und wenn der Po trotzdem einmal wund ist, hilft eine zinkoxidhaltige Heilsalbe. Es gibt allerdings auch Anzeichen, die auf eine Erkrankung hindeuten können. Treten etwa unscharf begrenzte Hautrötungen auf – vor allem auf den Wangen und am behaarten Kopf –, die womöglich von feinen Hautschuppen bedeckt sind und/oder nässen, sollten Sie sich unbedingt an Ihren Kinderarzt oder an einen Kinderdermatologen wenden.

Wie sieht perfekte Babypflege aus?

Babyhaut ist etwa fünfmal dünner als die Haut eines Erwachsenen und ihre Funktion als Schutzbarriere ist noch nicht voll entwickelt. Darum sollte die Pflege speziell auf Babys Haut abgestimmt und dermatologisch getestet sein. Am besten ist es, wenn die Produkte nur wenige, dafür aber hochwertige natürliche Stoffe enthalten. Ebenso wichtig ist, dass Sie die Pflegeprodukte nicht ständig wechseln. Denn je öfter die unreife Haut mit unterschiedlichen Substanzen in Berührung kommt, desto höher ist das Risiko für Irritationen und Allergien.

Welche Heilmittel aus der Natur können von Anfang an vor Allergien schützen?

Das Risiko kann nachweislich gemindert werden, indem ein Baby so spät wie möglich mit Allergie auslösenden Stoffen wie Konservierungs-, Farb- und synthetischen Duftstoffen in Berührung kommt. Dazu zählen auch mineralische Öle, Silikonöle oder Paraffine. Natürliche Pflanzenöle wie Mandel-, Oliven- oder Sesamöl kann die Babyhaut dagegen leicht aufnehmen. Eines der wertvollsten vorbeugenden Heilmittel ist übrigens Muttermilch. Vor allem, wenn in Ihrer Familie Allergien bekannt sind, sollten Sie so lange es geht voll stillen.

Fördern und betreuen: von PEKIP bis Tagesmutter

Mit Gleichaltrigen in Mutter-Kind-Gruppen auf Entdeckungen zu gehen, tut dem Baby genauso gut wie einige Stunden oder Tage pro Woche in »fremder« Obhut. Ob es diese Zeit bei der Tagesmutter, in der Kinderkrippe oder in einer Krabbelgruppe verbringt, ist ganz gleichgültig: Hauptsache, Ihr Kind fühlt sich wohl und Sie wissen es in liebevollen Händen.
Die Betreuung in einer Gruppe bedeutet gleichsam auch eine Förderung des Kindes. Wenn es unter seinesgleichen spielen kann, lernt es, dass es andernorts andere Regeln gibt, die ebenso eingehalten werden müssen wie die zu Hause. Diese ersten Schritte aus dem Elternhaus helfen, die Selbstständigkeit und das Selbstvertrauen des Kindes zu stärken, ohne die Eltern als wichtigste Bezugspersonen aufgeben zu müssen. Gerade für Einzelkinder ist es ein Gewinn, wenn sie die Möglichkeit erhalten, durch das Beisammensein mit anderen Kindern teilen zu lernen oder auch einmal warten zu müssen, bis sie an der Reihe sind. Das fördert die sozialen Fähigkeiten ungemein und macht später den Übergang in den Kindergarten wesentlich leichter – für Eltern und Kind.

Dicke Freunde – Kinder brauchen für ihre Entwicklung auch Kontakt zu ihresgleichen.

Eltern-Kind-Gruppen

In der Regel werden die Treffen für Mutter beziehungsweise Vater und Kind von Kirchengemeinden, Mütterzentren oder anderen sozialen Trägern organisiert und finden einmal wöchentlich statt. Die Kurse nennen sich Eltern-Kind-Gruppe, Krabbel- oder Spielgruppe und dauern im Durchschnitt ein bis eineinhalb Stunden. Ausreichend Zeit also, das Baby in einer ungewohnten Situation kennenzulernen, neue Spiele auszuprobieren und Kontakt zu anderen Müttern und Vätern zu knüpfen.
Eine Alternative zu herkömmlichen Mutter-Kind-Gruppen bietet PEKiP (Abkürzung für Prager-Eltern-Kind-Programm): Rund acht Babys pro Kurs lernen im Beisein der Eltern und unter fachkundiger Leitung, ihre motorischen Fähigkeiten spielerisch zu entwickeln. Die Gruppe trifft sich während des ersten Babyjahres wöchentlich und unterstützt die Kleinen darin, sich ohne Windeln und Kleidung in einem wohlig warmen Raum frei dem Spiel hinzugeben. Schon

früh kann das Kind hier das Gruppengefühl kennenlernen, bestimmte Bewegungen üben und eigene Fähigkeiten im Spiel entdecken. Informationen und Adressen finden Sie unter www.pekip.de.
Auch sogenannte Fabel®-Kurse der Gesellschaft für Geburtsvorbereitung (kurz GfG) begleiten Eltern und ihr Baby ab dem dritten Lebensmonat durch das erste Jahr. Neben Spiel- und Bewegungsangeboten für das Kind haben die Eltern die Möglichkeit, mit dem Familienbegleiter wichtige Themen rund um das Leben mit dem Baby zu besprechen. Eine Liste der Familienbegleiter in ganz Deutschland finden Sie unter www.gfg-bv.de.

Tagesbetreuung

Wollen oder müssen Sie Ihr Kind tageweise betreuen lassen, reicht das Angebot von der Tagesmutter über die Kinderkrippe bis hin zum Au-pair. Am flexibelsten ist wohl die Tagesmutter, die für bestimmte Zeiten und Tage auch schon für einen kleinen Säugling in Anspruch genommen werden kann. Kinderkrippen der örtlichen Gemeinden für Babys ab der neunten Lebenswoche hingegen werden täglich besucht, bieten jedoch unterschiedliche Abholzeiten an. Während die Tagesmutter mit einer kleinen Gruppe von rund fünf Kindern eine intensive familiäre Betreuung in den eigenen vier Wänden möglich macht, sind Krippengruppen größer (etwa 12 Kinder). Das bringt natürlich mehr Regeln und eine straffe Strukturierung des Tages mit sich. Dafür werden die Kinder im kindgerechten Umfeld von pädagogischen Fachkräften betreut. Hier wie dort wird das soziale Lernen gefördert, Spiel- und Beschäftigungsangebot unterscheiden sich von dem daheim und sind wesentlich größer. Die Kosten für beide Betreuungsarten werden unter Umständen teilweise oder ganz vom Jugendamt übernommen. Gerade bei den Krippenplätzen müssen Sie vielerorts allerdings mit sehr langen Wartezeiten rechnen.
Praktische Hilfe bei der Betreuung bietet auch ein Au-pair, das ein Jahr bei Ihnen wohnt und sich rund 30 Stunden in der Woche nur Ihrem Kind widmet. Dafür bieten Sie ein Taschengeld (rund 200 Euro pro Monat) und die Möglichkeit, einen Sprachkurs zu besuchen. Infos zum Thema Au-pair und Vermittlungsagenturen gibt es unter www.au-pair-society.org.

INFO

Geprüfte Tagesmutter

Bei der Suche nach einer qualifizierten Tagesmutter ist es hilfreich, nach deren Aus- und Fortbildungen zu fragen. Denn gerade die Schulung in Pflege, Pädagogik und Erste Hilfe macht die »Ersatz-Mama« noch wertvoller. Weitere Infos sowie bundesweite Adressen von Vermittlungsstellen finden Sie unter www.tagesmuetter-bundesverband.de.

4.

Energiebringer: gesunde Ernährung

Wenn Energie, Schwung und Antrieb nachlassen, hilft oft schon eine kleine Zwischenmahlzeit, um wieder zu neuen Kräften zu kommen. Frisches Obst und Gemüse, Joghurt, Quark und Milch mit Früchten oder eine Scheibe Vollkornbrot sind schnelle und gesunde Fitmacher. Weißmehlprodukte und Zucker dagegen lassen den Energiepegel zwar ebenfalls für kurze Zeit steigen. Doch der Blutzuckerspiegel und damit die Leistungsfähigkeit sinkt genauso schnell auch wieder ab. Und das macht schlapp statt wach.

Ganz wichtig, damit Sie fit und belastbar bleiben: genug trinken. Mindestens zwei Liter am Tag sollten es sein, wenn Sie stillen sogar noch mehr – drei bis vier Liter.

Per Ampel auf Power-Kurs

Um die Vitalität zu halten und zu steigern, sollten Sie über den Tag verteilt drei Portionen Gemüse und zwei Portionen Obst essen. Als Portionsmaß dient dabei die Größe Ihrer Hand. Insgesamt sollten Sie auf rund 600 Gramm kommen. Am einfachsten und abwechslungsreichsten ist es, die Gemüse- und Obstspeisen nach dem Ampelprinzip zu kombinieren. Rot, Gelb, Grün im Verbund stehen für Gesundheit und Energie.

Rot: Morgens können das eine Hand voll Erdbeeren zum Müsli sein, mittags eine gefüllte rote Paprika und abends Tomaten oder ein paar Radieschen zum Butterbrot.

Gelb: Wie wäre es mit einer Banane als Vormittagssnack, einem Karottengemüse am Mittag und oder einem geriebenen Apfel mit etwas Zitronensaft als Dessert nach dem Abendessen?

Grün: Streuen Sie zum Beispiel morgens ein oder zwei Teelöffel Schnittlauch oder Kresse aufs Quarkbrot, essen Sie mittags einen frischen Salat und bringen Sie abends einen Teller Gemüsesuppe auf den Tisch.

TIPP

Gezähmter Hunger

Haben Sie ständig Heißhunger? Dann nehmen Sie vielleicht zu wenig Chrom zu sich. Nur wer regelmäßig Vollkornprodukte, Linsen, Käse oder Muskelfleisch isst, versorgt seinen Körper ausreichend mit dem Spurenelement. Und dieses hilft dabei, das Hungergefühl zu zähmen. Der Grund: Sie fühlen sich schneller satt, da Chrom den Blutzuckerspiegel senkt und normalisiert. Ein Mangel an Chrom kann aber nicht nur durch einseitige Ernährung hervorgerufen werden, sondern auch durch einen überhöhten Zuckerkonsum. Denn Zucker ist ein ausgesprochener Chromräuber.

Platz für ein Erinnerungsfoto

Am Ende des 4. Monats

Erlebnisse der letzten vier Wochen

»Das Glanzstück des Himmels ist die Sonne, das des Hauses ist das Kind.«

Buddhistische Weisheit

5.

Der fünfte Monat

Greifen, Stehen, Beugen – das Baby probiert alles aus und setzt dafür immer mehr seine Muskeln ein. Das macht natürlich hungrig. Wie gut, dass ab jetzt der erste Brei angeboten werden kann.

5.

Die 17. bis 20. Woche

Mein Kalender

- In der 17. Woche wird eine **Impfung** gegen Diphterie-Pertussis-Tetanus/Hib/Polio/Hepatitis B empfohlen.
- Jetzt kann die Beikostzeit beginnen: **Gemüse-Kartoffel-Fleisch-Fett-Brei** und etwas **Obstmus** ersetzen die Mittagsmilch.
- Wenn Sie über die Maßen erschöpft und reizbar sind, steckt vermutlich ein ausgeprägter **Schlafmangel** dahinter. Damit Sie wieder zu Kräften kommen, überlassen Sie das nächtliche Füttern vorübergehend dem Partner und schlafen selbst durch. Bei Stillbabys pumpen Sie dafür tagsüber die entsprechende Milchmenge ab.
- Um Ihr Baby mit all Ihren Freunden, Verwandten und Bekannten vertraut zu machen, stellen Sie ihm jeden Besucher mit Namen vor. Führen Sie dabei ein **Begrüßungsritual** ein, mit dem das Baby schon jetzt »Guten Tag« und »Auf Wiedersehen« wünschen kann. So lernt das Kind, dass es auch zur Familie gehört. Zudem kann es den Besuchern bald Namen zuordnen und fremdelt später im familiären Kreis weniger.
- Ihr Baby freut sich, wenn es etwas Neues zu sehen gibt. Legen Sie es daher beim **Spazierengehen im Kinderwagen** etwas höher, damit es herausschauen kann. Nur in sehr hektischer Umgebung – zum Beispiel an einer stark befahrenen Straße – sollten Sie darauf verzichten: Zu viele Eindrücke verwirren Ihren Schatz.

Termine rund ums Baby ....

....

....

....

Messen und Wiegen

Datum .... Größe des Babys .... Gewicht des Babys ....

So entwickelt sich das Baby

- **Gewicht:** zwischen 6,5 und 7 Kilo
- **Größe:** 62,5 bis 64,5 Zentimeter
- **Kleidung:** Das Baby hat in diesem Monat Kleidergröße 68, Strumpfgröße 01, Mützenmaß 43.
- **Kurzes Stehen:** In den aufrechten Stand gebracht, kann das Baby für wenige Sekunden auf seinen eigenen Beinchen stehen, sofern Sie es dabei locker am Oberkörper festhalten.
- **Zum Greifen nah:** Wenn Sie ein Spielzeug körpernah vor den Säugling halten oder aufhängen, versucht er, danach zu fassen.
- **Gutes Gehör:** Seine Umwelt zieht das Baby immer mehr in den Bann, egal ob mit den Augen oder den Ohren, die den Säugling immer feinere Geräusche wahrnehmen lassen. Er erkennt jetzt auch den unterschiedlichen Tonfall der Mutter, was nicht ohne Folgen bleibt: Das Baby reagiert auf ernstere Worte mit einem erstaunten Gesichtsausdruck.
- **Mit Muskelkraft zum Sitzen:** Das Baby setzt seine Muskeln im Bauch- und Beckenbereich aktiv ein und beugt sich nach vorn, wenn Sie es aus der Rückenlage zum Sitzen hochziehen. Dabei neigt das Kind den Kopf und berührt mit dem Kinn fast die Brust.

Meine Gedanken ....

....

....

....

Das Spiel mit sich selbst: gut für die Konzentration

Ab dem fünften Monat kommt dem Spiel allein eine wichtige Rolle zu. Ihr Baby ist jetzt groß genug, um durch selbstständiges Spielen seine Kreativität zu entwickeln und ruhige Zeiten für sich selbst zu nutzen. Wenn Sie regelmäßig Phasen der Selbstbeschäftigung in das tägliche Leben aufnehmen, unterstützen Sie damit auch die Ausgeglichenheit des Babys und die Fähigkeit, in sich zu ruhen.

INFO

Sicher allein

Mag Ihr Kind nicht, dass Sie den Raum während des Spiels verlassen, kündigen Sie immer wieder mal an, dass Sie kurz raus müssten (beispielsweise in die Küche). Verlassen Sie das Zimmer, aber sprechen Sie aus der Distanz weiter mit Ihrem Kind. Steigern Sie die »Ausgehzeiten« von Mal zu Mal und reduzieren Sie die Unterhaltung, bis Ihr Kind allein bleibt. Ganz wichtig: Sorgen Sie vor dem Spiel für ein sicheres Umfeld. Räumen Sie Giftiges sowie verschluckbare Teilchen und Dinge, die auf das Kind fallen könnten, weg (siehe auch Seite 108 f.).

Ruhe für die Sinne

Nach wie vor braucht das Baby von seinen Eltern viel Zuwendung, Liebe und Geborgenheit, die Sie besonders im gemeinsamen Spiel vermitteln können. Dennoch sollten Sie zweimal am Tag rund zehn Minuten einplanen, in denen sich das Baby ungestört mit sich selbst beschäftigen kann. Das ist nichts Neues für das kleine Kind, nutzt es doch bereits die Zeit kurz nach dem Aufwachen, um sich zum Beispiel seinen Fingerchen zu widmen. Kommen Sie in solch einem Moment hinzu, empfiehlt es sich, das Kind nicht zu stören. So geben Sie ihm eine Chance, frühzeitig das selbstständige Spiel zu üben.
Um die Selbstständigkeit noch weiter zu fördern, legen Sie das Baby zu seinen festen Solo-Spielzeiten auf eine Krabbeldecke und verteilen rundum in greifbarer Nähe Spielzeug, das nur für das Spiel allein vorbehalten ist. Auf diese Weise nutzen Sie seine Neugier auf die sonst nicht verfügbaren Spielsachen. Am Anfang kann es hilfreich sein, wenn Sie in unmittelbarer Nähe bleiben, sich jedoch einer anderen Aufgabe widmen. Hat das Baby Ihre Anwesenheit vergessen und ist es völlig in sein Spiel vertieft, verlassen Sie den Raum: erst eine, dann zwei, dann drei Minuten ... Steigern Sie die Zeit langsam, bis Sie Ihr Kind zehn Minuten allein lassen können.

Spielzeug-Liste

Für das Spiel auf der Krabbeldecke oder im Bettchen eignen sich

- Stoffreste in verschiedenen Materialien (etwa 10 x 10 Zentimeter).
- an einer Schnur aufgefädelte Knöpfe in verschiedenen Größen. Die Schnur darf nicht länger als 15 Zentimeter sein, damit das Baby sie sich nicht um den Hals schlingen kann. Die Knöpfe müssen fest verknotet werden, damit das Kind sie nicht verschlucken kann.
- kleine Glocken, die anstelle der Knöpfe an eine Schnur geknotet werden.
- bunte Stoffsäckchen (7 x 10 Zentimeter), die mit Reis, Steinchen oder Knöpfen gefüllt werden. Fest zunähen, damit das Baby den Inhalt nicht verschluckt.

TIPP!

Selbst gemacht: das Kleiderbügel-Mobile

Wenn das kein Hingucker für das Baby wird – und dann ist dieses Mobile auch noch schnell und einfach nachzubauen. Sie benötigen dafür:

1 Kleiderbügel • 1 Knäuel Wolle, 5 bunte Stoffreste (einer davon 10 x 10 cm, weitere zwei à 15 x 15 cm und zwei in den Maßen 20 x 20 cm; wenn Sie die Reste mit einer gezackten Schere ausschneiden, brauchen Sie die Kanten nicht zu versäubern) • 5 Knöpfe (mit einem Durchmesser von 1–2 cm) • 1 Rolle Nähgarn • 1 Hand voll Märchenwolle • flüssiger Klebstoff

Umwickeln Sie den Kleiderbügel einschließlich Haken eng mit Wolle. Für die Männchen breiten Sie die Stoffreste aus und legen jeweils einen Knopf in die Mitte. Fassen Sie den Stoff über dem Knopf zusammen und binden Sie mit Nähgarn ab. Nähen Sie die Männchen in gleichmäßigen Abständen so an den Kleiderbügel, dass zwischen Bügel und Kopf 15 bis 20 cm Nähgarn zu sehen sind. Zupfen Sie die Märchenwolle behutsam auseinander und bekleben Sie den Bügel vollständig damit. Schon ist das Mobile fertig und Sie können es über der Wickelkommode oder dem Bett aufhängen.

Sicher verstaut: Kindersitz und Co.

Ihr Baby braucht einen sicheren Platz – besonders wenn es kurze Zeit allein ist, weil Sie zum Beispiel gerade kochen, schnell ans Telefon müssen oder ins Bad wollen. Auch für Ausflüge benötigt das Kleine ein sicheres Gefährt. Dadurch vermeiden Sie nicht nur Unfälle, sondern sind auch selbst gelassener, da Sie Ihr Baby gut aufgehoben wissen.

Anschnallen bitte!

Die Gurtpflicht besteht nicht nur im Auto, sondern auch zu Hause. Liegt das Baby in der Wippe, sitzt es auf dem Hochstuhl oder im Tischsitz, müssen die Gurte geschlossen sein. Nur so schützen Sie Ihr Kind davor hinauszufallen und sich dabei zu verletzen. Auch wenn Sie das Baby in einer Autositzschale im Haus herumtragen, ist es wichtig, das Kind anzuschnallen. Ein Sturz aus den Tragehilfen kommt häufiger vor, als Sie vielleicht denken – und kann schwere Kopfverletzungen und Brüche nach sich ziehen.

Verlässliche Sitze

Für jede Gelegenheit gibt es den passenden Sitz. Wenn das nicht bequem ist!
Der Hochstuhl: Er eignet sich besonders für gemeinsame Mahlzeiten am Tisch, egal ob das Baby seinen Brei bekommt, einen Keks knabbert oder den Eltern beim Essen Gesellschaft leistet. Ab dem sechsten Monat kann es für kürzere Zeit darin sitzen, ohne den Rücken zu sehr zu belasten.
Der Tischsitz: Wie der Hochstuhl eignet er sich ab dem sechsten Lebensmonat als Essensplatz für die Kleinen. Der Sitz nimmt jedoch weniger Platz weg, da er keine Beine hat und direkt an die Tischplatte geschraubt wird. Das An- und Abbauen ist recht einfach, so dass Sie den Stuhl gut ins Restaurant, zu Einladungen bei Freunden oder in den Urlaub mitnehmen können.
Die Wippe: Wer darin liegt, bekommt alles mit – egal ob im Wohnzimmer, im Bad, in der Küche oder auf der Terrasse. Zudem hat Ihr Baby viel Freude an den leicht federnden Bewegungen. Trotzdem sollte es nicht zu lang in der Wippe sitzen, da durch die gekrümmte Haltung der Rücken relativ stark belastet wird.
Der Stubenwagen: Zwar eignet sich der Stubenwagen auch in diesem Alter noch für ein Schläfchen in der Nähe der Mutter, doch ansonsten wird es dem Kind darin schnell langweilig. Stopfen Sie den Wagen daher mit Kissen aus, damit das Kind im Rücken etwas höher kommt und herausschauen kann. Wenn Sie eine Bambusstange quer über den Rand des Wagens befestigen und daran noch kleine Spielsachen knüpfen wird der alte Stubenwagen zum tollen Spielmobil. Wichtig: Vergessen Sie nicht, Ihr Kind zu sichern (eventuell anschnallen) und wechseln Sie aus gesundheitlichen Gründen regelmäßig zwischen sitzender und liegender Position.

Gemütlich nach draußen

Je mobiler das Baby wird, desto mehr versucht es, sich im Kinderwagen zu bewegen, aufzustellen oder auch herauszusteigen. Damit in einem unbeobachteten Moment nichts passieren kann, sollten Sie Ihr Kind bei jeder noch so kurzen Fahrt anschnallen. **Kombikinderwagen:** Diese Modelle lassen sich von Anfang an nutzen und sind auch für das größere Baby bestens gerüstet, etwa durch verstellbare Lehnen und Beinstützen. **Sportwagen:** In der klassischen Version auf vier Rädern oder im geländegängigen »Dreirad« machen die Ausflüge den Jüngsten und den Begleitern viel Spaß – Mama oder Papa können dabei sogar joggen. Achten Sie beim Kauf auf ein Verdeck, das Ihr Baby vor Wind und Sonne schützt.

Frischluft tut nicht nur Babys gut. Auch Sie können beim Spazierengehen abschalten.

TIPP!

Frischluft für die Abwehr

Der Aufenthalt im Freien trainiert das Immunsystem des Babys, schützt vor Erkältungen und regt Kreislauf und Atmung an – egal ob im Sommer oder im Winter. Außerdem können Kinder, die oft draußen sind, besser schlafen. Zwei bis drei Stunden Frischluft am Tag sind ideal. Bei großer Kälte reichen zwei kurze Spaziergänge von rund 20 Minuten. Bei Temperaturen unter -8 °C bleiben Sie besser zu Hause.

Buggy: Zusammengeklappt ist der leichte Wagen schnell verstaut. Es ist jedoch nicht immer einfach, ihn zu schieben, vor allem, wenn Sie nur eine Hand frei haben. Ideal: Ein Buggy mit Liegeposition, damit der kleine Rücken im Schlaf entlastet wird. **Babyautositz:** In der körpergerecht gepolsterten Schale liegt das Baby vom ersten Tag an sicher. Um einen bestmöglichen Schutz zu gewährleisten, wird sie entgegen der Fahrtrichtung auf den Rücksitz fixiert – auf keinen Fall darf sie auf einem Beifahrersitz mit Airbag stehen. Da das Baby nicht flach liegt, sollten Sie bei längeren Fahrten alle zwei Stunden Pause machen und es herausnehmen, um die Wirbelsäule zu entlasten. Aus demselben Grund sind Schalen mit Untergestell kein idealer Kinderwagenersatz.

Gemeinsam in den Urlaub

Damit der erste Urlaub mit dem Baby kein Flop wird, will er gut geplant sein. Nur so können Sie Ihre Ferien genießen, neue Kraft sammeln und Abstand zum doch recht anstrengenden Alltag gewinnen.

Süden oder Norden?

Südliche Länder bieten sich im Frühling, Herbst und Winter an, wenn die Temperaturen für das Baby noch angenehm sind. Einen ganzen Tag am heißen Strand schafft das Kleine nämlich noch nicht. Es braucht stets einen schattigen Platz, wo es nicht zu sehr schwitzt und keinen Sonnenbrand oder gar Sonnenstich bekommt. Ein leichtes Baumwollhütchen, das Gesicht und Nacken beschattet, schützt ebenfalls vor Sonne und Überhitzung. Das Plätzchen sollte zwar schattig und luftig sein, ziehen darf es jedoch nicht. Sonst können Husten oder Ohrenschmerzen die Urlaubsfreuden sehr schnell trüben.

Auf ausreichenden Sonnenschutz müssen Sie auch an nördlichen Reisezielen denken, die sich wegen der Temperaturen besonders für den Sommer eignen. Hier wie dort benötigt das Baby eine Sonnencreme mit hohem Lichtschutzfaktor um die 30 – und das auch, wenn die Sonne einmal nicht scheint. Die schädigenden UV-Strahlen wirken nämlich auch bei bedecktem Himmel auf die empfindliche Haut des Kindes ein.

Geht es um die Nahrung des Babys, haben stillende Frauen einen klaren Vorteil: Ihr Kind ist überall bestens versorgt. Wenn Sie mit dem Fläschchen füttern oder bereits den ersten Brei anbieten, sollten Sie ausreichend

WICHTIG

Impfungen und Reiseapotheke

Beachten Sie bei der Wahl des Reiseziels, dass bestimmte Impfungen bei Babys noch nicht durchgeführt werden. Malaria-Prophylaxe und Gelbfieberimpfung sind beispielsweise tabu. Wählen Sie daher ein Reiseland, für das keine zusätzlichen Impfungen nötig sind. Doch egal wohin es geht: Eine Reiseapotheke sollte auf alle Fälle ins Gepäck, damit Sie gegen kleine Wehwehchen gefeit sind. In den Koffer gehören: Wund- und Heilsalbe für kleine Verletzungen • Desinfektionsmittel • Pflaster und Verbandszeug • Salben gegen Sonnenbrand und Insektenstiche • Arnika-Kügelchen für Prellungen, Beulen, Verstauchungen • Fieberzäpfchen • Hustensaft • Nasenspray mit Salzlösung • Fieberthermometer

Fertigprodukte von zu Hause mitnehmen. Rühren Sie die Nahrung nur mit gekauftem Mineralwasser an, nie mit Leitungswasser. Damit schützen Sie Ihr Baby vor Keimen, die schwere Erkrankungen hervorrufen können. Bei großer Hitze muss das Baby außerdem viel trinken. Kräutertee ergänzt Still- oder Flaschenmahlzeiten am besten.

Unterwegs mit dem Auto

Wenn Sie mit dem Auto verreisen, werden Sie sich wundern, wie schnell der Kofferraum voll ist. Und das liegt nicht an der zusätzlichen Kleidung für das Baby. Schließlich werden noch ganz andere Dinge benötigt: Kinderwagen mit Sonnenschirm, Reisebettchen, Wickeltasche plus Unterlage, Windelpakete, Pflegeprodukte, fertige Babynahrung, Babywanne oder -eimer, Krabbeldecke, Lieblingsspielzeug und Spieluhr – und natürlich die Babyschale, in der das Kleine die Reise antritt.

Wenn Sie länger unterwegs sind, braucht das Baby alle zwei Stunden ein Pause. Auf dem Rastplatz mag es essen und trinken, eine neue Windel, sich an der frischen Luft auf einer Decke ausstrecken und etwas bewegen. Da Babys im Auto nicht nur schlafen, sondern auch quengelig werden und weinen, sollten Sie außerdem überlegen, die Anreise eventuell auf zwei Tage mit einer Übernachtung zu verteilen. Haben Sie neben dem Kind noch Platz auf dem Rücksitz, wird es sich außerdem über einen Sitznachbarn freuen, der mit ihm spricht oder etwas vorsingt.

Reisen mit Flugzeug oder Bahn

Während Sie beim Auto im Hinblick auf das Gepäck recht flexibel sind, müssen Sie sich bei einer Reise mit dem Flugzeug oder der Bahn auf das Nötigste beschränken. Dafür ist beim Fliegen die Reisedauer meist deutlich kürzer und Sie können auch entfernte Ziele ansteuern. Da das Baby noch keinen Anspruch auf einen eigenen Sitzplatz hat, müssen Sie es entweder auf dem Schoß halten oder beim Flugveranstalter eine Babywiege ordern, die an einem Sitz der Vorderreihe befestigt wird. Besonders entspannend ist eine Zugfahrt, da Sie sich in aller Ruhe um Ihr Kind kümmern können – egal ob Sie sich mit ihm bewegen wollen, es füttern oder wickeln möchten.

TIPP

Erholung für alle

Kinder- und Familienhotels sind voll und ganz auf die Bedürfnisse von Eltern mit Kind eingestellt: vom passenden Bettchen über Wickelmöglichkeiten, Babyphone und Co. bis zu Kinderstühlen und speziellem Essen. Im Miniclub sind schon die Kleinsten mehrere Stunden gut versorgt, während Sie Zeit für sich haben. Adressen und Infos gibt es im Reisebüro oder im Internet (Stichwort Familien- oder Kinderhotel).

Relaxen für Geist und Seele

Es ist nicht immer einfach, einen kühlen Kopf zu bewahren, wenn das Baby im Supermarkt plötzlich laut zu schreien beginnt, die Schlange an der Kasse unendlich erscheint und gleichzeitig noch das Handy klingelt oder es draußen heftig zu regnen anfängt. Regelmäßige geistige und seelische Entspannung durch eine leichte Meditation kann Ihnen jedoch helfen, in solch hektischen Situationen ruhiger und ausgeglichener zu reagieren. Gönnen Sie sich deshalb zwischendurch mal eine Auszeit von 15 Minuten: Wenn das Baby tief schläft, schalten Sie das Telefon aus, machen es sich mit hoch gelegten Füßen auf dem Sofa bequem und meditieren. Stellen Sie sich vorher einen Wecker, der Sie nach einer Viertelstunde mit sanftem Klingeln in die Wirklichkeit zurückholt und Sie davon abhält, während der Meditation immer wieder auf die Uhr zu schielen.

Die Kirschbaum-Meditation

Schließen Sie die Augen und atmen Sie ruhig und gleichmäßig ein und aus. Stellen Sie sich vor, Sie stünden auf einer Wiese, in deren Zentrum ein riesiger, fast zehn Meter hoher Kirschbaum mit saftigen grünen Blättern steht. Laufen Sie zu diesem Baum, klettern Sie hinauf und setzen Sie sich auf einen Ast, von dem Sie rundum freien Blick auf unendliches Grün, blauen Himmel und weiße Wattewölkchen haben.

Lassen Sie sich aus dieser Position ohne Angst nach hinten fallen, bis Sie mit den Kniekehlen sicher und fest an dem Ast hängen. Arme, Kopf, Schultern, Brüste und Bauch hängen scheinbar entspannt nach unten. Genießen Sie, wie Ihre Beine leicht schwingen und Ihr Körper sachte hin und her schaukelt. Spüren Sie, wie der Wind Sie sanft von Kopf bis Fuß streichelt – alles hängt und schwingt entspannt, die Welt steht Kopf und Sie sind fasziniert von der neuen Perspektive. Wenn der Wecker klingelt, nehmen Sie Schwung, springen mit einer kräftigen Drehung vom Ast und landen mit beiden Füßen wieder auf der Erde. Öffnen Sie die Augen, gähnen, räkeln, strecken Sie sich und stampfen Sie ein paar Mal mit Ihren Füßen auf den Boden.

TIPP!

Klassisch entspannen

Hervorragend entspannen lässt sich auch mit Autogenem Training, Progressiver Muskelrelaxation oder einer Visualisierung. Dazu sind nicht unbedingt zeitaufwändige Kurse notwendig: Eine CD oder Musikkassette mit geführten Anleitungen reicht für ein kurzes Relaxen zwischendurch völlig aus.

Platz für ein Erinnerungsfoto

Am Ende des 5. Monats

Erlebnisse der letzten vier Wochen ....

....

....

....

....

....

....

....

»Um Kinder zu erziehen, muss man verstehen, Zeit zu verlieren, um Zeit zu gewinnen.«

Jean-Jacques Rousseau

6.

Der sechste Monat

Hört es ein Geräusch, kann das Baby seinen Kopf bereits in die entsprechende Richtung bewegen, um seine Neugierde zu stillen. Außerdem hat es gelernt, bekannte von unbekannten Gesichtern zu unterscheiden.

6.

Die 21. bis 24. Woche

Mein Kalender

- Anmeldung zur **U5**, die zwischen dem sechsten und siebten Lebensmonat des Babys durchgeführt wird.
- Die abendliche Milchmahlzeit können Sie in diesem Monat durch einen **Vollmilch-Getreide-Obst-Brei** und etwas **Obstmus** ersetzen.
- Möchten Sie nach Vollendung des sechsten Monats aufhören zu stillen? Dann sollten Sie vor dem **Abstillen** erst überprüfen, ob ihr Kind zu Allergien neigt. In diesem Fall empfiehlt es sich, weiter die Brust zu geben (siehe auch Seite 59). Normalerweise vollzieht sich das Abstillen ganz von allein: Die Milchproduktion geht mehr und mehr zurück, je nachdem wie viele Brustmahlzeiten Sie durch andere Kost ersetzen. Unterstützend bieten sich zwei bis drei Tassen Salbeitee pro Tag an, der die Milchbildung reduziert. Auch das homöopathische Mittel Phytolacca in der Potenz D4 kann helfen. Fragen Sie zur Dosierung Ihren Arzt oder Ihre Hebamme. Müssen Sie aus beruflichen oder gesundheitlichen Gründen abrupt abstillen, kann Ihr Frauenarzt geeignete Hormone verschreiben.
- Wird es im Kleiderschrank des Babys langsam eng? Warum sortieren Sie Kleidung, aus denen der Nachwuchs schon herausgewachsen ist, nicht aus und verkaufen Sie auf einem **Flohmarkt** für Säuglings- und Kleinkinderbekleidung? Informieren Sie sich bei den umliegenden Gemeinden, Mütter- und Familienzentren.

Termine rund ums Baby

Messen und Wiegen

....

Datum Größe des Babys Gewicht des Babys

So entwickelt sich das Baby

- **Gewicht:** zwischen 7 und 7,5 Kilo
- **Größe:** 64,5 bis 66,5 Zentimeter
- **Kleidung:** Das Baby hat in diesem Monat Kleidergröße 68, Strumpfgröße 01, Mützenmaß 44.
- **Sitzen macht Spaß:** Sobald Sie das Baby im Liegen an den Händchen fassen, will es sich zum Sitzen hochziehen.
- **Gute Aussicht:** Aus der Bauchlage hebt das Kleine seinen Oberkörper mit gestreckten Armen vom Boden. Will es etwas greifen, stützt es sich auf einen Unterarm und langt mit der freien Hand zu.
- **Griff mit der Handfläche:** Um ein Objekt zu greifen, legt das Baby seine Hand darauf und umschließt es mit den Fingern. Spielzeug wandert jetzt von Hand zu Hand – oft mit Zwischenstopp im Mund.
- **Beidseitiges Hören:** Hört das Baby ein Geräusch, ohne zu sehen, wer dieses verursacht, bewegt es den Kopf in Richtung Geräuschquelle.
- **Das Fremdeln beginnt:** Ihr Baby unterscheidet zwischen bekannten und unbekannten Gesichtern – und setzt Fremden gegenüber erst einmal eine zurückhaltende Miene auf.
- **Da, da, da:** Der Säugling hängt gleiche Silben aneinander und gibt sie wie eine Melodie von sich.

Meine Gedanken ....

....

....

....

6.

Schaukelspiele: Spaß für Jung und Alt

Hoppe, hoppe, Reiter ... Die wunderbare Verbindung zwischen Bewegung und Sprache beim Schaukelspiel liebt ganz einfach jedes Kind – und genießt es sichtlich. Doch Kniereiterverse bedeuten nicht nur viel Spaß für Klein und Groß, sondern regen beim Baby auch den Hörsinn an, fördern seine Sprachentwicklung und den Gleichgewichtssinn. Zudem wird über das intensive Spiel und die Berührungen die Beziehung zum Kind weiter gestärkt. Damit Ihr Baby auf den Geschmack kommt, beginnen Sie erst einmal mit ruhigeren Schaukelübungen. Denken Sie dabei daran, Ihr Kind so lange gut zu stützen, bis es eigenständig sitzen kann. Halten Sie es mit den Händen unter den Achseln fest und stützen Sie den kleinen Kopf samt Nacken, wenn es im Spiel einmal nach hinten oder unten geht. Sicher wird es nicht lange dauern und Ihr Baby juchzt vor Freude, wenn Sie es zum Spielen auf den Schoß nehmen.

Schwingen

Für dieses Spiel begleiten Sie das Kinderlied »Brüderchen, komm, tanz mit mir« mit folgenden sanften Schwingübungen:

»Brüderchen, komm, tanz mit mir.
Beide Hände reich ich dir.«
Drehen Sie sich und schwingen Sie das Baby mit. Halten Sie es dabei gut unter den Achseln fest.
»Einmal hin, einmal her,
rundherum, das ist nicht schwer.«
Schwingen Sie das Baby zu diesem Vers erst links, dann rechts an Ihrem Körper vorbei und drehen Sie sich noch einmal gemeinsam wie bei der ersten Strophe.

Hoppe, hoppe, Reiter – so ein Spiel macht Kinder über alle Sinne mit der Sprache vertraut.

Schaukeln

Kommen Sie wieder in den geraden Stand und nehmen Sie das Baby in die Arme, um es hin- und herzuwiegen. Schaukeln Sie es im Takt zu »Bruder Jakob« von rechts nach links und wieder zurück und singen Sie das Lied dazu:

»Bruder Jakob, Bruder Jakob,
schläfst du noch, schläfst du noch?
Hörst du nicht die Glocken,
hörst du nicht die Glocken,
dingdandong, dingdandong.«

Rauf und runter

Mit sogenannten Kniereitern hüpft das Baby rauf und runter. Dabei muss es sich ganz schön konzentrieren, um dem Lied oder Text zuzuhören und gleichzeitig auch noch das Gleichgewicht zu trainieren. Setzen Sie sich auf den Boden und strecken Sie die geschlossenen Beine aus. Ihr Kind setzen Sie so auf den Schoß, dass Sie sich anschauen. Halten Sie das Baby unter den Achseln fest, stützen Sie den Nacken mit den Fingern und lassen Sie es zu folgendem Text hopsen, indem Sie die Beine schnell heben und wieder senken:

»Bim, bam, bommel,
die Katze schlägt die Trommel,
zehn kleine Mäuschen tanzen in der Reih'
und die ganze Erde donnert laut dabei.«

Klopfen Sie bei der letzten Zeile mit den Fersen laut auf den Boden und lassen Sie es »donnern«.

Bleiben Sie sitzen und lassen Sie Ihr Baby zu nachfolgendem Text schaukeln, während Sie die Knie abwechselnd anheben und wieder senken – mal links, mal rechts. Lassen Sie Ihr Kind zur letzten Zeile langsam nach hinten fallen, ohne es loszulassen.

»Fährt das Schifflein auf dem Meer,
wackelt s hin und wackelt s her.
Kommt ein starker Sturm daher,
kippt das Schifflein in das Meer.«

6.

Kräftige Babyzähne

In diesen Wochen kommen die ersten Zähne: mal mit, mal ohne Fieber, mal mit, mal ohne Weinen. Die Zahnbürste wartet schon darauf, den Neuling zu pflegen und für die nächsten fünf bis acht Jahre zu stärken. Als Platzhalter für die bleibenden Zähne hat das gesunde Milchgebiss nämlich eine ebenso wichtige Rolle inne wie für das einwandfreie Sprechen des Kindes.

Das Zahnen

Ist das Baby unruhig, weint es oft, läuft ihm vermehrt Speichel aus dem Mund und kaut es auf den Fingern herum, dann ist der erste Zahn dabei, durch das Zahnfleisch zu brechen. Erleichterung schafft jetzt alles, worauf sich gut beißen lässt. Das kann notfalls sogar ein Stück harte Brotrinde sein. Mit Gel gefüllte Ringe lassen sich im Kühlschrank kühlen, sodass beim Kauen nicht nur das Zahnfleisch geschmeidiger wird, sondern auch der Spannungsschmerz im Kiefer nachlässt. Veilchenwurzeln aus der Apotheke wirken ebenfalls schmerzlindernd. **Wichtig:** Lassen Sie Ihr Baby beim Herumkauen nie unbeobachtet, damit es nichts verschluckt.

Auch eine Massage des Zahnfleischs mit dem Finger oder einer gummibenoppten Zahnbürste schafft Erleichterung. Bei starken Schmerzen helfen zudem Salben aus der Apotheke, die eine leicht betäubende Wirkung haben.

Zahnungsfieber

Es ist nicht bewiesen, dass Fieber während des Zahnens tatsächlich durch diesen Vorgang ausgelöst wird. Vielleicht ist es auch so, dass der anfängliche Schutz vor Infektionen langsam nachlässt und deshalb die Anfälligkeit für Krankheiten und damit auch Fieber steigt. Führen Sie also nicht alle Symptome aufs Zahnen zurück und suchen Sie bei hohem Fieber oder starkem Durchfall unbedingt einen Arzt auf.

INFO

Welcher Zahn kommt wann?

- Um den sechsten Monat: die unteren mittleren Schneidezähne
- Um den achten Monat: die oberen mittleren Schneidezähne
- Um den zehnten Monat: die oberen seitlichen Schneidezähne
- Um den 14. Monat: die unteren seitlichen Schneidezähne
- Um den 16. Monat: die unteren vorderen Backenzähne
- Um den 18. Monat: die oberen vorderen Backenzähne
- Um den zweiten Geburtstag: die oberen und unteren Eckzähne
- Um den dritten Geburtstag: die hinteren Backenzähne

Jetzt wird geputzt

Wer die ersten Zähne seines Babys einmal am Tag mit einer weichen Kinderzahnbürste und einer erbsengroßen Menge Zahnpasta putzt, trifft die richtige Kariesvorsorge. Aber auch die Mundhygiene von Mutter und Vater sind für die gesunden Zähne des Kindes entscheidend. Kariesbakterien werden nämlich über den Speichel übertragen und können zum Beispiel über einen abgeschleckten Löffel im Mund des Babys landen. Sind die Bakterien einmal an Ort und Stelle, produzieren sie nach dem Verzehr von zuckerhaltigen Speisen und Getränken eine Säure, die bereits beim kleinen Kind Karies verursachen kann. Je eher Sie also mit der Zahnpflege beginnen, desto sicherer ist der Schutz vor Löchern. Fluoridhaltige Zahnpasta oder Fluoridtabletten vom Kinderarzt verbessern die Widerstandsfähigkeit des Zahnschmelzes vor angreifenden Säuren (erhält Ihr Kind Fluorid-Tabletten, sollte die Zahnpasta ohne Fluor sein). Auch wenn die Säuren bereits schützende Mineralien aus dem Zahnschmelz herausgelöst haben, beschleunigt Fluorid deren erneute Einlagerung. In manchen Fällen kann damit sogar eine beginnende Karies rückgängig gemacht werden. Und noch ein Tipp: Da auch auf der Zunge Kariesbakterien nisten, empfiehlt es sich, diese ab dem ersten Zahn täglich mit einem feuchten Mulltuch oder sauberen Waschlappen abzuwischen. In Kombination mit regelmäßigem Zähneputzen reduziert sich dadurch das Kariesrisiko um ein Vielfaches.

Wenn das Zahnfleisch juckt, beruhigt ein Beißring aus dem Kühlschrank.

Wenig Zucker – kräftiger Zahnschmelz

Kommen die ersten Zähne ans Licht, ist für deren Gesundheit auch die Ernährung von großer Bedeutung. Vermeiden Sie daher mit Zucker, Zuckerersatz, Fruchtzucker oder Honig gesüßte Getränke in Fläschchen oder Trinklernbechern. So verhindern Sie, dass der Zucker die Zähne länger umspült und den schützenden Zahnschmelz angreift und ausdünnt (das gilt auch für Fruchtsäfte ohne Zuckerzusatz, weil die Säure den Zahn angreift). Der Verzehr von Süßigkeiten und (Baby-)Keksen sollte ebenfalls auf ein Minimum reduziert werden. Wenn Sie bereits zufüttern, achten Sie darauf, dass der Brei keinen Zucker enthält. Übrigens: Wenn Sie Ihr Kind von Anfang an zuckerarm ernähren, tut das nicht nur den Zähnen gut. Auch Übergewicht wird seltener zum Problem und die damit einhergehenden schweren Erkrankungen bleiben aus.

Liebespaar und Eltern sein: zwei Rollen sinnlich vereint

Wie groß war die Freude auf das gemeinsame Baby, die Krönung der Liebesbeziehung! Mit dem Kind beginnt aber auch ein neues Leben, das die Partnerschaft total verändert. Auf das Liebespaar kommt plötzlich die neue Rolle als Eltern und Vorbild zu – und damit mitunter schwierige Zeiten. Wenn Sie jedoch gemeinsame Ziele verfolgen, Ihre Wünsche aussprechen und die Bereitschaft zeigen, zu zweit den Alltag zu bewältigen, wird die Paarbeziehung beständig wachsen.

Wo geht die Liebe hin?

Nicht selten kommt es vor, dass Mann und Frau sich nach der Geburt vom Partner zurückgesetzt fühlen. Beim Mann kann unterschwellige Eifersucht der Auslöser sein, wenn er die innige Zweierbeziehung zwischen Mutter und Kind wahrnimmt, die durch das Stillen noch weiter vertieft wird. Er fühlt sich plötzlich vernachlässigt, als hätte das Baby seinen Platz eingenommen. Die Frau jedoch ist von der Geburt viel zu geschwächt und zu sehr von den neuen Aufgaben als Mutter in Anspruch genommen, um das seelische Tief ihres Mannes erkennen zu können. Sie nimmt die kleinen Signale nicht wahr – und das kränkt den Mann umso mehr. Er distanziert sich von Frau und Kind, was wiederum bei ihr das Gefühl auslöst, nicht mehr so geliebt zu werden wie früher. Und das gerade jetzt, wo sie so angestrengt ist. Das kränkt doppelt und verschlechtert das Verhältnis zum Mann weiter. Ein Teufelskreis beginnt, aus dem viele ohne Hilfe von Freunden, lieben Verwandten oder einem verständnisvollen Arzt beziehungsweise Therapeuten schwer herausfinden. Wer mit dieser Stimmung aus dem Krankenhaus nach Hause kommt und allein als Paar den turbulenten neuen Alltag überstehen will, ist einfach überfordert. Die Energien sind verbraucht – und fehlen genau dann, wenn es darum geht, die Zweisamkeit wieder herzustellen.

Energien für die Liebe

Tanken Sie auf und nehmen Sie sich die nötige Auszeit dazu: jeder für sich alleine und auch zu zweit. Nutzen Sie Zeiten für

Nehmen Sie sich Zeit: Auch als Eltern sollten Frau und Mann ein Liebespaar bleiben.

INFO

Chance für die Liebe

Einfühlsame Paar- und Sexualberatung von einem psychologisch geschulten Team bietet beispielsweise pro familia an. Unter www.profamilia.de können Sie nach Postleitzahlen Adressen von Beratungsstellen und medizinischen Zentren suchen.

sich allein, um ungestört einen Spaziergang zu machen oder sich eine Ganzkörpermassage zu gönnen. Erinnern Sie sich an die Ziele, die Sie sich vor der Geburt gesteckt hatten, und überlegen Sie, welche Möglichkeiten es gibt, sie weiter zu verfolgen. Überlegen Sie sich auch, was Sie sich im Moment wünschen und was Ihnen demnächst wichtig sein wird. Wenn Sie auf diese Weise ein bisschen Ruhe und Ordnung in Ihrem Kopf geschaffen haben, widmen Sie sich Ihren Gefühlen. Was fehlt Ihnen momentan besonders? Wie fühlt sich das an? Welche Umstände lösen angenehme Gefühle aus, welche unangenehme? Schreiben Sie ruhig alles auf und heben Sie Ihre Notizen für später auf, um zu sehen, was sich schon positiv geändert hat.
Sobald Sie Zeit zu zweit realisieren können, zum Beispiel wenn das Baby übers Wochenende bei den Großeltern ist, legen Sie eine gemeinsame »Sprechstunde« ein. Dafür ist es hilfreich, die eigenen Überlegungen und schriftlichen Aufzeichnungen Schritt für Schritt mit dem Partner zu besprechen. Je offener Sie sich unterhalten können, desto eher wachsen Vertrauen und Liebe. Notieren Sie, was für Sie beide die schlimmsten Konflikte sind, und suchen Sie gemeinsam nach Lösungen. Besprechen Sie, wenn es geht, auch intime Wünsche, genauso wie Ängste vor bestimmten Berührungen – und lassen Sie sich vor allem viel Zeit. Vielleicht machen ja Wunden von der Geburt bei der Frau noch Probleme, die bald der Vergangenheit angehören.

Liebevolles Rollenspiel

Um Gefühle wieder zu entdecken und neu aufleben zu lassen, kann ein Rollenspiel helfen. Planen Sie dafür ein Wochenende ohne Baby ein und besprechen Sie zuvor mit dem Partner die Regeln, die Sie ganz nach Ihren Wünschen gestalten, etwa so:
Streits und Beschimpfungen sind tabu. Egal wie sehr es in Ihnen brodelt, sagen Sie Ihrem Partner nur: »Jetzt habe ich mich total darüber geärgert, dass du dieses und jenes gemacht oder gesagt hast.« Zählen Sie leise bis zehn und atmen Sie tief durch.
Ansonsten erhält jeder Partner die Aufgabe, liebevoll mit dem anderen zu reden und umzugehen – in jeder Situation. Seien Sie übertrieben höflich zueinander, sagen Sie zum Beispiel ständig »danke« und »bitte«, fragen Sie nach Getränke- oder Essenswünschen und machen Sie sich viele Komplimente. Das lässt Sie sicher gemeinsam lachen, nachdenklich werden und einander ein gutes Stück näher kommen.

Das stärkt Beckenboden und Blase

Schon während der Schwangerschaft wird der Beckenboden durch das Gewicht des Babys stark beansprucht. Bei der Geburt wird er dann auch noch kräftig gedehnt und muss derart geschwächt nach der Entbindung wieder seine vorherige Hauptaufgabe übernehmen: den Organen des Unterleibs Halt und Stabilität geben. Das klappt nicht sofort, der Beckenboden muss sich erst wieder stärken – mit leichter Rückbildungsgymnastik im Wochenbett sowie einem Rückbildungskurs um die achte Woche herum. Dadurch beugen Sie Spätfolgen wie einer Gebärmuttersenkung oder Inkontinenz vor.

Um den Beckenboden nicht zusätzlich zu belasten, heben Sie auch jetzt noch nichts Schweres – egal ob Getränkekisten oder größere Kinder. Kommen Sie immer mit geradem Rücken aus der Hocke nach oben, ohne den Oberkörper nach vorn zu beugen. Achten Sie außerdem darauf, nach wie vor über die Seite zu rollen, wenn Sie aus dem Liegen aufstehen. Nach und nach wird der Beckenboden wieder fester und belastbar. Diese Übungen helfen dabei.

Das Becken schwenken

Legen Sie sich auf den Rücken und strecken Sie beide Arme zur Seite aus. Schließen Sie die Beine und winkeln Sie sie an. Lassen Sie dann beide Knie nach rechts sinken. Ziehen Sie die Vagina mit den Muskeln kräftig in Richtung Bauchnabel. So gefestigt senken Sie die Knie zur linken Seite. Lösen Sie die Spannung im Beckenboden und entspannen Sie sich. Dann spannen Sie die Muskeln wieder an und pendeln nach rechts. Atmen Sie ganz regelmäßig. Zehnmal wiederholen.

Zwinkern

Setzen Sie sich auf die Fersen und spannen Sie die Vaginamuskulatur kurz und kräftig an. Lösen Sie die Spannung gleich wieder und spannen Sie die Muskeln, ohne eine Pause zu machen, wieder an – als würden Sie mit dem Augenlid zwinkern. Nach zehnmal Zwinkern ruhen Sie kurz aus und wiederholen das Ganze dann noch zweimal.

TIPP

Erst der Beckenboden, dann die Bauchmuskeln

Beginnen Sie nicht zu früh mit dem Bauchmuskeltraining, auch wenn Sie sich nach Ihrer alten Figur sehnen. Sprechen Sie vorher mit Ihrer Hebamme oder der Rückbildungs-Kursleiterin. Der Beckenboden muss stark genug sein. Sonst kann sich die durch die Schwangerschaft entstandene Lücke zwischen den geraden Bauchmuskeln nicht schließen.

Platz für ein Erinnerungsfoto

Am Ende des 6. Monats

Erlebnisse der letzten vier Wochen ....

»O selig, o selig,
ein Kind noch zu sein.«
Albert Lortzing

7.

Der siebte Monat

Mit den eigenen Händchen geht das Baby auf Entdeckung und findet viele Dinge, die es darin drehen kann – oder die eigenen Füße, die sich so herrlich in den Mund stecken lassen.

7.

Die 25. bis 28. Woche

Mein Kalender

- Von diesem Monat an können Sie auch die nachmittägliche Milchmahlzeit Ihres Babys ersetzen: durch einen milchfreien **Getreide-Obst-Fett-Brei**.
- Im siebten Lebensmonat schaffen es die meisten Babys, ohne Milch durch die Nacht zu kommen. Dann können auch Mutter und Vater endlich wieder ungestört **durchschlafen**.
- Hält Ihr Baby seine Trinkflasche bereits selbst fest, lassen Sie sich diese nach dem Trinken wieder zurückgeben. So lernt das Kind neben **Festhalten** auch **Loslassen** und **Abgeben**, was später wiederum die Fähigkeit fördert, zu teilen.
- Je mobiler Ihr Baby wird, desto mehr steigt das Risiko für einen kleineren oder größeren Unfall. Um im Falle eines Falles schnell und sicher helfen zu können, lohnt der Besuch eines **Erste-Hilfe-Kurses** für Säuglinge und Kleinkinder. Infos gibt es zum Beispiel beim Kinderarzt oder bei Familienbildungsstätten.

Termine rund ums Baby ....

....

....

....

Messen und Wiegen

....
Datum Größe des Babys Gewicht des Babys

So entwickelt sich das Baby

- **Gewicht:** zwischen 7,5 und 8 Kilo
- **Größe:** 66,5 bis 68 Zentimeter
- **Kleidung:** Das Baby hat in diesem Monat Kleidergröße 68, Schuhgröße 18, Mützenmaß 45.
- **Es dreht sich:** Aktiv rollt sich das Baby von der Rückenlage auf den Bauch und schafft damit die Voraussetzung, sich später allein aufzusetzen. Sich selbstständig zu drehen ist aber auch die Grundlage für das baldige Krabbeln.
- **Fußspiel:** Ihr Baby hat ein neues Spielzeug entdeckt – seine Füße. Wenn der Säugling auf dem Rücken liegt, berührt er sie mit den Händen oder versucht, sie in den Mund zu stecken.
- **Hüpfen:** Halten Sie das Baby am Rumpf unter den Armen und berührt es dabei den Boden locker mit den Fußsohlen, geht es in die Hocke und macht Hüpfbewegungen.
- **Beide Hände im Einsatz:** Das Kind kann nun mit beiden Händen gezielt einen Gegenstand ergreifen und in den Händen drehen. Fällt das Objekt herunter, senkt es suchend den Blick.

Meine Gedanken

....

....

....

....

7.

Fingerspiele für die Sinne

»Das ist der Daumen,
der schüttelt die Pflaumen,
der liest sie auf,
der bringt sie nach Haus
und der kleine isst sie alle auf.«

Wer kennt ihn nicht, den klassischen Kinderreim, mit dem schon die eigene Oma unsere kleinen Finger gerüttelt und damit, ganz spielerisch, die Entwicklung unseres Sprachvermögens kräftig unterstützt hat. Doch abgesehen von der wichtigen Förderung des Sprachsinns: Babys lieben es einfach, wenn Sie ihnen melodisch vorgetragene Reime mit deutlichen Gesten und Mimik erlebbar machen. Nicht zuletzt wird mit Fingerspielen auch das Sehen des Babys geschult, weil es gebannt auf seine Fingerlein schaut. Wenn Sie die kleine Faust öffnen und mit den einzelnen Fingern wackeln, gesellt sich zudem eine gute motorische Übung hinzu. Das Praktische an Fingerspielen ist, dass sie überall ausgeführt werden können und die Zeit amüsant vertreiben: in der Warteschlange im Supermarkt, im Wartezimmer des Kinderarztes, in öffentlichen Verkehrsmitteln und natürlich auch zu Hause, wenn Ihnen und dem Baby nach Spielen ist. Machen Sie es erst einmal an der eigenen Hand vor und widmen Sie sich dann den Fingern des Kindes – sooft und solange es Spaß daran hat. Gerade in der Wiederholung liegt der besondere Reiz für das Baby – und die Chance, das Gelernte leichter zu behalten.

Zehn kleine Zappelfinger helfen Ihrem Baby dabei, ein Gefühl für Sprache zu entwickeln.

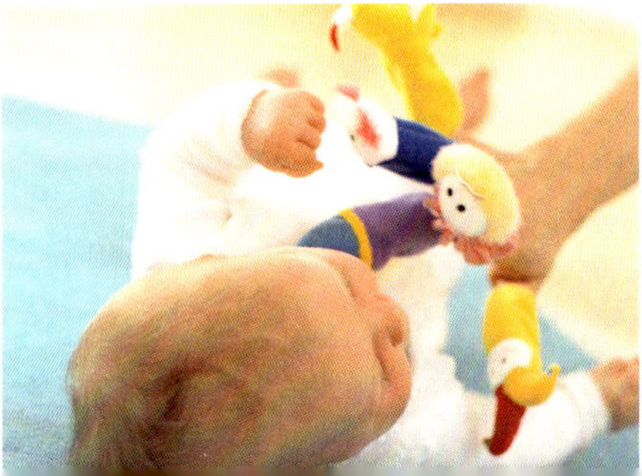

Die Tier-Fingerlein

Zeigen Sie Ihrem Kind zu Beginn dieses Spiels die Finger der ganzen Hand. Drücken Sie dann passend zu den Reimen den jeweiligen Finger mit Daumen und Zeigefinger der anderen Hand, bis am Ende alle Tiere genannt wurden.

»Alle meine Fingerlein
sollen einmal Tierlein sein.
Dieser Daumen, dick und rund,
ist der große Schäferhund.
Zeigefinger – stolzes Pferd,
von dem Reiter wohl geehrt.
Mittelfinger – bunte Kuh,
die macht immer muh, muh, muh.
Ringfinger ist der Ziegenbock
mit dem langen Zottelrock.
Und das kleine Fingerlein
soll einmal ein Schäfchen sein.«

Guten-Morgen-Fingerchen
Ein Fingerspiel nach dem Aufstehen:
»Alle Finger schlafen tief
machen alle schnief, schnief, schnief.«
Schließen Sie Ihre linke Hand zu einer Faust und atmen Sie bei »schnief, schnief, schnief« laut durch die Nase ein.
»Doch plötzlich wird der Daumen wach,
reckt sich, streckt sich und sagt: Tach!«
Nehmen Sie mit Daumen und Zeigefinger der anderen Hand den Daumen hoch.
»Da wird auch der Zeigefinger munter
schüttelt sich, rüttelt sich und schaut
auf den Mittelfinger runter.«
Ziehen Sie den Zeigefinger an der Fingerkuppe langsam nach oben und schütteln Sie ihn leicht.
»Der macht sich erst krumm, dann gerade
und stupst dem Ringfinger
keck auf die Nase.«
Lassen Sie den Mittelfinger langsam gerade werden und klopfen Sie einmal kurz auf den Rücken des Ringfingers.
»Noch völlig müde fragt er laut:
Hat der Tag denn schon gegraut?«
Heben Sie den Ringfinger hoch.
»Jetzt ist auch der kleine Finger aufgewacht,
schaut sich um und lacht:
Nun ist sie vorbei, die lange Nacht.«
Heben Sie den kleinen Finger gerade hoch und halten Sie ihn leicht schüttelnd an der Fingerkuppe fest und lachen Sie zum Schluss. Ihr Kind wird begeistert sein und gleich einen zweiten Durchgang fordern.

TIPP

Bunte Fuß- und Handabdrücke

Suchen Sie ein besonderes Geschenk für Verwandte oder gute Freunde? Wie wäre es mit einem kleinen »Kunstwerk« Ihres Babys? Bemalen Sie dazu einfach die Innenseiten der Händchen oder die Fußsohlen mit ungiftiger Fingerfarbe (gibt es zum Beispiel im gut sortierten Bioladen). Das kitzelt nicht nur lustig, Ihr Kind wird auch ganz schön staunen, wenn Sie seine bunten Hände auf Postkarten, Bastelpappe oder eine Baumwoll-Einkaufstasche drücken. Schreiben Sie zum Schluss mit einem dünnen Filzstift den Namen des kleinen »Künstlers« und das Datum dazu. Wichtig: Die Farben dürfen nicht wasserfest sein und müssen beim Händewaschen ohne viel Rubbeln wieder abgehen. Wollen Sie einen haltbaren Aufdruck, zum Beispiel auf einem T-Shirt, legen Sie dafür die Hände Ihres Babys nacheinander auf Bastelpappe und fahren die Konturen mit einem Bleistift nach. Schneiden Sie die Papphände aus und übertragen Sie die Umrisse auf das T-Shirt. Nun brauchen Sie diese nur noch mit waschechter Textilfarbe ausmalen – fertig ist ein ganz persönliches Erinnerungsstück.

7.

Schnelle Hilfe bei Fieber

Kleine Babys fiebern relativ schnell: Die Körpertemperatur kann an einem heißen Sommertag ebenso ansteigen wie durch eine warme Decke oder zu wenig Flüssigkeit. Der Körper des Kindes ist einfach noch nicht in der Lage, seine Temperatur den äußeren Bedingungen anzupassen und konstant zu halten. Da das Abwehrsystem noch nicht so gut funktioniert wie bei einem älteren Kind, lösen gleichzeitig auch verschiedene Infekte Fieber aus.

Heilendes Fieber

Auch wenn Fieber an sich eine heilsame Sache ist, sollten Sie den Verlauf und die Temperatur ständig überprüfen. Hat ein Baby unter drei Monaten über 37,5 °C, muss es ebenso umgehend zum Kinderarzt (nachts in die Klinik) wie ältere Babys, deren Temperatur über 38,5 °C steigt. Hält bei Babys unter drei Monaten eine erhöhte Temperatur um 37,5 °C , bei älteren Babys um 38,5 °C länger als einen Tag an, sollte ebenfalls der Arzt aufgesucht werden. Das Gleiche gilt für Fieber, das von Nackensteife, Erbrechen angebotener Flüssigkeit, Hautausschlag oder Fieberkrampf begleitet wird.

Die fieberhafte Erkältung

Eine Erkältung mit Schnupfen zählt zu den häufigsten Erkrankungen kleiner Kinder. Sie stecken sich über Niesen, Husten, Sprechen an, aber auch über Spielsachen, auf denen sich die Viren anderer kranker Kinder niedergelassen haben – zum Beispiel in der Krabbelgruppe. Beginnt das Baby zu niesen, läuft ihm die Nase und bekommt es leichtes Fieber, ist die Erkältung da. Abgeschlagen und mit Kopf- und Gliederschmerzen verweigern manche Babys wegen einer verstopften Nase dann auch noch die Flüssigkeits- oder gar Nahrungsaufnahme. Doch gerade eine ausreichende Menge an Flüssigkeit ist wichtig, um den Infekt gut zu überstehen. Damit das Baby wieder trinken kann, muss als

TIPP

Kräuter zum Trinken

Bieten Sie Ihrem Kind bei Fieber immer wieder Flüssigkeit an, so dass es insgesamt rund 50 Prozent mehr trinkt als an normalen Tagen. Als Getränke eignen sich stilles Mineralwasser und Kräutertees – die zudem das Wohlbefinden des Babys steigern.

- Anis- und Fencheltee: hilft bei Blähungen
- Lindenblütentee: wirkt unterstützend bei Fieber; beruhigt
- Melissentee: beruhigt
- Salbeitee: hilft bei Halsschmerzen, Bauchweh und Blähungen
- Thymiantee: lindert Husten

erstes die Nase frei werden. Da normale Nasensprays die Nasenschleimhäute zu sehr austrocknen und Nebenwirkungen wie Atemstörungen oder Kreislaufprobleme auslösen können, sollten Sie auf Sprays mit Salzlösungen zurückgreifen (aus der Apotheke). Auch eine hohe Luftfeuchtigkeit im Raum erleichtert das Atmen und hilft, festsitzenden Schleim zu lösen. Hängen Sie deshalb feuchte Tücher über die Heizung oder stellen Sie einfach einen Wäscheständer mit feuchter Wäsche zum Trocknen ins Kinderzimmer. Bei starkem Schnupfen hilft es auch, sich mit dem Baby ins Badezimmer zu setzen und den Dampf eines heiß eingelaufenen Bades zu inhalieren. Bieten Sie dem Kind auf alle Fälle immer wieder Flüssigkeit an oder legen Sie es vermehrt an die Brust, falls Sie noch stillen. Das löst nicht nur den Schleim, sondern schützt auch vor lebensgefährlicher Austrocknung des Körpers bei Fieber.

Fieber senken

Auf alle Fälle sollten Sie das fiebernde Baby in luftige Kleidung und eine leichte Decke packen, damit es nicht zu sehr schwitzt. Gönnen Sie Ihrem Kind viel Ruhe und gehen Sie erst dann wieder mit ihm spazieren, wenn es kein Fieber mehr hat. Auch ein gelüftetes Zimmer mit einer Temperatur von 18 °C fördert die Genesung. Nur im Notfall oder auf Anweisung des Arztes ist es ratsam, Fieber bei Babys durch ein Zäpfchen mit Paracetamol zu senken. Stattdessen empfehlen sich ab dem sechsten Lebensmonat lauwarme (keine kalten!), zehnminütige Wadenwickel, die Sie jedoch nicht öfter als zweimal wiederholen sollten und nur anwenden, wenn das Kind warme Beine hat. Beginnt das Kind zu frösteln, beenden Sie die Prozedur und decken es so lange gut zu, bis es nicht mehr friert. **Vorsicht:** Kombinieren Sie nie Wickel und Zäpfchen, wenn zum Beispiel erstere kein Absinken der Temperatur bewirken. Gehen Sie dann lieber gleich zum Arzt.

Fieberkrämpfe und Dreitagefieber

Ab dem sechsten Lebensmonat kann es passieren, dass das Fieber plötzlich und schnell ansteigt und einen Fieberkrampf auslöst: Das Kind verdreht die Augen, leidet unter Muskelzuckungen, flacher Atmung und kann sogar das Bewusstsein verlieren. Während des meist nur für Sekunden anhaltenden Krampfes halten Sie Ihr Kind einfach im Arm. Danach braucht es ein fiebersenkendes Zäpfchen, viel Ruhe und Zuwendung. Dauert der Fieberkrampf länger als fünf Minuten, müssen Sie den Notarzt rufen. Fieberkrämpfe treten oft im Zusammenhang mit dem sogenannten Dreitagefieber auf – eine Kinderkrankheit, die zwischen dem sechsten und 24. Lebensmonat ausbrechen kann: Das hohe Fieber (bis 41 °C) hält drei bis vier Tage an und wird von einem Hautausschlag mit roten Pünktchen abgelöst, der wiederum bis zu drei Tage bleibt. Sobald das Fieber in die Höhe zu klettern beginnt, wird es Zeit für einen Besuch beim Kinderarzt.

7.

Die Elternschule: Tipps und Tricks für den Alltag

Der Umgang mit dem Baby und das Leben als Familie kann viele Mütter und Väter enorm belasten. In den meisten Fällen wird der Vater zum Alleinversorger, auf dessen Schultern der Druck des finanziellen Wohlergehens lastet. Die junge Mutter dagegen fühlt sich zu Hause oft einsam. Kein Wunder, schließlich muss sie den neuen und langen Alltag ganz allein bewältigen und viele Entscheidungen selbst treffen. Wenn dann auch noch Rat und Unterstützung durch die Verwandtschaft fehlen, kann die neue kleine Familie in ihren Fundamenten ganz schön ins Wanken kommen. Doch es gibt Hilfe: Sogenannte Elternschulen haben es sich zur Aufgabe gemacht, Familien in Erziehungsfragen zu unterstützen und ihr Selbstvertrauen zu stärken. Die Einrichtungen sind bundesweit auf dem Vormarsch und spezielle Kurse werden zum Teil schon von den Entbindungskliniken angeboten. Wer in Ihrer Nähe Elternkurse veranstaltet, erfahren Sie bei der örtlichen Katholischen Familienbildungsstätte, beim Jugendamt, der Caritas, der Diakonie oder der Arbeiterwohlfahrt. In manchen Bundesländern werden die Kurse sogar von verschiedenen gesetzlichen Krankenkassen unterstützt. Es lohnt sich also, wenn Sie sich vorab schon einmal informieren.

Der Austausch mit anderen Betroffenen und Fachkräften gibt Eltern Sicherheit.

Unterrichtsfach »Erziehung«

In Elternschulen fällt es nicht schwer, noch einmal die Schulbank zu drücken: Sie bieten Kurse zur seelisch-emotionalen Entwicklung oder den sozialen Grundbedürfnissen von Kindern, Ernährungs- und Bewegungstipps, konkrete Handlungsanleitungen für den Alltag ohne Stress, Tipps zur positiven Entwicklung des Selbstwertgefühls und vieles mehr. Die Eltern können außerdem mit professionellen »Lehrern« über all die Dinge sprechen, die sie persönlich überfordern. Elternschulen vermitteln aber nicht nur Wissen oder fördern den Austausch von Erfahrungen. Es wird auch richtiges Verhalten eingeübt. Selbst im Fall, dass Krisen die Familie zu zerstören drohen oder die innere Orientierung völlig verloren gegangen ist, bieten die Einrichtungen gezielte Beratung.

Die emotionale Bindung schulen

Das Leben mit dem Säugling stellt für die Eltern häufig eine große emotionale Herausforderung dar. Um die Bindung zum Kind zu vertiefen, helfen zum einen Informationen über moderne Säuglings-, Bindungs- und Gehirnforschung. Zum anderen vermitteln die Kurse der Elternschule auch ganz praktisch, wie Mutter und Vater die emotionale Bindung zum Baby selbst in stressigen Zeiten und unter großer Anstrengung halten und fördern können. Sie zeigen zudem Wege, wie sich Unsicherheiten und aufkommende Aggressionen ausgleichen lassen. Wahrnehmungsübungen vertiefen die Nähe zum Kind.

INFO

Eltern-Trainingsprogramme

Spezielle Kurse, die das Elternsein trainieren, fußen auf unterschiedlichen Methoden und Grundlagen. Eine kleine Zusammenstellung soll Ihnen die Wahl für ein bestimmtes Modell erleichtern:

- »Starke Eltern – Starke Kinder« nennen sich die Elternkurse des Deutschen Kinderschutzbundes. Die Kurse wenden sich an Mütter und Väter mit kleinen und größeren Kindern – ganz egal, um welches Problem es sich handelt. Das Ziel der Kurse ist nicht, die ganze Familie umzukrempeln. Vielmehr will man Sie darin unterstützen, auf die eigene Art glücklich zu werden. Einen Elternkurs in Ihrer Nähe finden Sie unter www.starkeeltern-starkekinder.de.
- »STEP« (Systematic Training for Effective Parenting), ein systematisches Training für Eltern, lehrt nach den Prinzipien einer demokratischen Kindererziehung und versteht sich als Antwort auf die Herausforderungen unserer Zeit. Nach dem Motto »weniger Stress durch besseres Miteinander« hilft das seit 1976 in den USA etablierte Elterntraining bei akuten Erziehungsnotständen, beugt aber auch Konflikten vor. Je nach Alter des Kindes werden die Eltern auf entsprechende Kurse verteilt. STEP-Kurse werden bundesweit, in Österreich und der Schweiz unter www.instep-online.de angeboten.
- »Triple P« (Positive Parenting Programm) ist ein positives Erziehungsprogramm, das es sich zum Ziel gemacht hat, Kinder zu fördern. Die Eltern werden unterstützt, indem ihre Beziehung zum Kind gestärkt, schwierigen Situationen vorgebeugt und Stress in der Familie verringert wird. Speziell für das Säuglingsalter bietet das Programm die »Kleinen Helfer« an – Infomaterial zu verschiedensten Problemen. Kontakt und Infos gibt es unter www.triplep.de.

7.

Kurz entspannt: Finger-Mudras für zwischendurch

Mudras sind Fingerübungen, die dem angespannten Körper schnell und effektiv Energie zurückbringen. Schon eine kurze Mudra-Pause von wenigen Minuten reicht aus, um das eigene Wohlbefinden deutlich zu steigern – und das ohne große körperliche Anstrengungen.
Gönnen Sie sich einfach ein bis fünf Minuten für eine der folgenden Handhaltungen. Richten Sie Ihren Blick auf die Hände und atmen Sie tief ein und lang aus. Stellen Sie sich beim Einatmen vor, wie Sie pure Energie tanken. Beim Ausatmen lassen Sie alles, was Sie belastet, mit dem Atem herausströmen. Die Hände dürfen dabei nicht verkrampfen. Wenn es ungemütlich wird, hören Sie auf.

Mudra für Gelassenheit und Ruhe

Berühren Sie mit den Fingerspitzen der linken Hand die der rechten. Die Finger zeigen nach oben, die Daumen bilden quer dazu eine waagerechte Linie. In ihrer Form erinnert diese Handhaltung an ein Dreieck.

Mudra für mehr Lebenskraft

Halten Sie die rechte Hand aufrecht. Die Handfläche zeigt zu Ihnen. Beugen Sie nun die Finger nach vorn und berühren Sie mit der Daumenspitze die Spitzen von kleinem und Ringfinger. Machen Sie es mit der linken Hand genauso.

Mudra zur Stärkung des Tatendrangs

Legen Sie beide Hände locker in den Schoß, die Handflächen zeigen nach oben, die Finger zueinander. Richten Sie die Finger beider Hände so nach oben, dass sich die Rückseiten der Finger berühren. Die Daumenkuppen berühren sich ebenfalls und liegen vor den Zeigefingern.

INFO

Mudras – indische Handgesten

Ob im Alltag, im religiösen Leben oder beim indischen Tanz: Bestimmte Handstellungen (Mudras genannt) haben eine symbolische Bedeutung. Auch im Yoga werden mit Mudras Körperpositionen und Handhaltungen beschrieben, die nicht nur zu höheren Bewusstseinszuständen führen, sondern auch auf den Organismus wirken sollen. Sogenannte Heil-Mudras können bei gesundheitlichen Problemen gezielt eingesetzt werden – denn jeder Finger soll in direktem Kontakt zu einzelnen Organen und Körperregionen stehen.

Platz für ein Erinnerungsfoto

Am Ende des 7. Monats

Erlebnisse der letzten vier Wochen

»So lange kriecht ein Kind,
bis es gehen kann.«
Deutsches Sprichwort

8.

Der achte Monat

Vom Rücken auf den Bauch, vom Bauch auf den Rücken – die ersten großen Bewegungen bringen das Baby auf die Idee, sich auch entfernt liegendes Spielzeug einfach selbst zu holen.

8.

Die 29. bis 32. Woche

Mein Kalender

- Ab jetzt ist es nicht mehr unbedingt nötig, das **Wasser** für die Zubereitung der Babykost **abzukochen**. Die im Leitungswasser enthaltenen Keime können dem Kind nicht mehr schaden.
- Um das Baby zum **Krabbeln** anzuregen, nutzen Sie die Zeit, in der es auf dem Boden spielt, und gesellen sich zu ihm hinab. Krabbeln Sie auf allen Vieren um das Baby herum, lachen Sie dabei und zeigen Sie ihm, wie viel Spaß es macht, sich alleine fortzubewegen. Krabbeln Sie gezielt auf ein Spielzeug zu, das Sie davor in einiger Entfernung platziert haben, und bringen Sie es dem Baby. Wiederholen Sie die Spielzeugsuche bei jedem gemeinsamen Spiel und wecken Sie damit die **kindliche Neugier** auf das Krabbeln.
- Beginnt das Baby zu krabbeln oder schiebt es sich bäuchlings mit der Kraft seiner Arme durch die **Wohnung**, ist es an der Zeit, alle Zimmer – einschließlich Bad, Küche und Treppenhaus – **unfallsicher** zu machen (siehe Seite 108 f.). Bedenken Sie auch, dass das Baby alles aufnimmt, was in greifbarer Nähe liegt, und in den Mund steckt. Räumen Sie daher Kleinteile weg, damit es sie nicht verschluckt. Das Gleiche gilt für giftige Substanzen, zu denen auch Tabak, Zigaretten, Alkohol und bestimmte Zimmerpflanzen zählen.

Termine rund ums Baby ....

....

....

....

Messen und Wiegen

....	....	....
Datum	Größe des Babys	Gewicht des Babys

So entwickelt sich das Baby

- **Gewicht:** zwischen 8 und 8,5 Kilo
- **Größe:** 68 bis 69,5 Zentimeter
- **Kleidung:** Das Baby hat in diesem Monat Kleidergröße 74, Schuhgröße 18, Mützenmaß 46.
- **Fremdeln wird stärker:** Kennt Ihr Baby jemanden nicht, begegnet es ihm oft äußerst reserviert. Es will sich weder anfassen noch auf den Arm nehmen lassen. Nicht selten beginnt es sogar zu weinen.
- **Rollen und robben:** Ihr Baby will jetzt vorwärts. Es stützt sich dafür aus der Bauchlage auf die Unterarme, hebt den Oberkörper an und zieht den Körper nach vorn. Auch rückwärtiges Schieben ist möglich. Dabei drückt sich das Kind mit den Unterarmen nach hinten weg.
- **Klimmzüge zum Sitzen:** Halten Sie dem Baby in Rückenlage Ihre Zeigefinger hin, umschließt es diese mit seinen Händchen und zieht sich aus eigener Kraft zum Sitzen hoch. In dieser Position kann es einige Sekunden alleine verweilen. Um die Balance nicht zu verlieren, stützt sich der Säugling noch mit den Händen ab.
- **Auf Beobachtungsposten:** Alles, was Menschen in seiner Umgebung machen, interessiert das Baby. Es sieht ihnen deshalb gebannt bei den verschiedensten Tätigkeiten zu.

Meine Gedanken

....

....

....

....

8.

Lieder und Gedichte: rhythmisch durch den Tag

Konnte das neugeborene Baby den Tag noch nicht in Morgen, Mittag und Abend einteilen, hat sich beim acht Monate alten Säugling bereits ein gewisser Hell-Dunkel-Rhythmus eingespielt. Die Wachzeiten sind wesentlich länger als noch vor ein paar Wochen – vor allem während des Tages. Um die Schlafzeiten des Kindes mehr und mehr auf die Nacht zu verlagern, ist es nach wie vor wichtig, das Kind am Abend früh ins Bett zu bringen. Auch kleine Rituale, wie zum Beispiel Lieder oder Gedichte, die es durch den Tag begleiten, helfen dem Kleinen dabei, ein sicheres Gefühl für Tages- und Nachtzeiten zu entwickeln.

Fröhlich in den Morgen

Was ist schöner als die ersten morgendlichen Kuschelminuten mit Ihrem Baby? Sicher haben Sie bereits Ihr eigenes kleines Morgen-Ritual gefunden. Kombinieren Sie es doch einmal mit einem Guten-Morgen-Lied, das Ihr Kind auf fröhliche Art empfängt. Singen Sie zum Beispiel diesen Text zur Melodie von »*Summ, summ, summ, Bienchen summ herum*«.

»Bim, bam, bum, die Nacht ist nun herum.
Ei wie tun wir uns jetzt strecken,
lassen uns vom Morgen wecken.
Bim, bam, bum,
wir drehn uns nicht mehr um.
Hör gut zu: Vorbei ist's mit der Ruh.
Immer wacher, immer frischer,
glucksen Babys mit Gekicher,
Stund für Stund,
geht's dann am Morgen rund.«

Wenn Sie nicht so gerne singen, begleiten Sie das Aufstehen doch einmal mit einem Gedicht. Es muss gar kein Kinderreim sein. Auch ein Klassiker, wie dieser von Joseph von Eichendorff, ist gut geeignet.

»Wann der Hahn kräht auf dem Dache,
putzt der Mond die Lampe aus,
und die Stern ziehn von der Wache,
Gott behüte Land und Haus!«

Jetzt ist es Mittag

Gegen Mittag ist dann Zeit für ein weiteres Liedchen. An ihm kann Ihr Kleines erkennen, dass es gleich etwas zu essen gibt und es anschließend ein wenig ruhen kann, ehe der Tag mit Spiel und weiteren Aktivitäten fortläuft. Singen Sie dazu folgendes Lied mit der Melodie von »*Hänschen klein*« und setzen Sie anstelle des Hänschens den Namen Ihres Kindes ein.

»Hänschen klein, will munter sein,
denn die Sonne scheint herein.
Mittag ist, wir gehn zu Tisch,
essen Fleisch und Fisch.

Nach dem Essen ist noch Zeit,
ob es stürmt, weht oder schneit:
Fahrn wir raus, ei der daus,
in unsre Mittagspaus'.«

Wieder können Sie den Vormittag anstatt mit einem Liedchen mit einem Gedicht verabschieden, etwa von Theodor Fontane:

Mittag
»Am Waldessaume träumt die Föhre,
am Himmel weiße Wölkchen nur;
es ist so still, dass ich sie höre,
die tiefe Stille der Natur.

Rings Sonnenschein auf Wies' und Wegen,
die Wipfel stumm, kein Lüftchen wach,
und doch, es klingt, als ström' ein Regen
leis tönend auf das Blätterdach.«

Der Abend kommt

Am Abend lassen Sie den Tag mit einem Schlaflied ausklingen. Es sollte wie oder statt einer Gute Nacht-Geschichte zum täglichen Einschlafritual gehören. Durch die immer wiederkehrende Abfolge helfen Sie Ihrem Baby, sich ohne Sorgen für heute von Ihnen zu verabschieden – bis der nächste Morgen wieder mit einem heiteren Liedchen beginnt. Sie können sich selbst einen Text ausdenken und diesen über eine bekannte Melodie legen. Es gibt aber auch klassische Gute-Nacht-Lieder, die Kinder lieben – wie dieses. In der viertletzten Zeile lässt sich statt »Gott, der Herr« der Name Ihres Kindes einsetzen.

»Weißt du, wie viel Sternlein stehen
an dem blauen Himmelszelt?
Weißt du, wie viel Wölkchen ziehen
weithin über alle Welt?
Gott, der Herr, hat sie gezählet,
dass ihm auch ja keines fehlet,
von der ganzen hellen Schar,
von der ganzen hellen Schar.«

Als Alternative zu einem Lied gefällt Ihnen vielleicht auch zu später Stunde ein romatisches Gedicht, mit dem Sie sich und das Baby auf die nun folgende friedliche Ruhezeit einstimmen – wie beispielsweise diese vier Strophen aus »Die Nacht« von Joseph von Eichendorff.

»Wie schön, hier zu verträumen
die Nacht im stillen Wald,
wenn in den dunklen Bäumen
das alte Märchen hallt.

Denn müd ging auf den Matten
die Schönheit nun zur Ruh,
es deckt mit kühlen Schatten
die Nacht das Liebchen zu.

Die Stern gehn auf und nieder –
wann kommst du, Morgenwind,
und hebst die Schatten wieder
von dem verträumten Kind?

Schon rührt sich's in den Bäumen,
die Lerche weckt sie bald –
so will ich treu verträumen
die Nacht im stillen Wald.«

Erste Hilfe für den Notfall

Je mobiler Ihr Baby wird, desto schneller kann sich auch ein Unfall ereignen. Dann liegt es an Ihnen, einen kühlen Kopf zu bewahren, die Situation richtig einzuschätzen und entsprechend zu reagieren.

Von blauen Flecken und Beulen

Nicht nur aus eigenem Verschulden können sich die Kleinen wehtun. Ein Moment der Unachtsamkeit reicht, und schon hat sich das Baby zum Beispiel den Kopf an einer niedrigen Lampe gestoßen, wenn Sie es hochheben. Bei leichten Prellungen, Quetschungen und Blutergüssen helfen homöopathische Arnika-Kügelchen aus der Apotheke besonders schnell, den Schmerz zu lindern. Auch Arnika-Salbe verbessert die Beschwerden und eignet sich gut zur längeren Nachbehandlung. Ist das Kind auf den Kopf gestürzt oder besonders heftig gegen einen harten Gegenstand geprallt, müssen Sie es über die Erstversorgung hinaus unbedingt eine Zeitlang genau beobachten: Erbrechen, ungleich stehende Pupillen, Krampfanfälle, Bewusstseinstrübungen oder Bewusstlosigkeit sind Anzeichen ernster Verletzungen. In diesen Fällen müssen Sie unverzüglich in die nächste Kinderklinik. Auch wenn seit dem Unfall bereits einige Tage verstrichen sind, ist es notwendig, sofort zum Arzt oder in die Klinik zu gehen, wenn Fieber, Schläfrigkeit oder ein steifer Nacken auftreten.
Hat sich das Kind eine offene Wunde am Kopf zugezogen, decken Sie diese mit einem sterilen Wundverband, einer Mullkompresse oder einem sauberen Baumwolltuch ab und suchen umgehend Arzt oder Klinik auf.

Aloe vera sondert ein Gel ab, das bei kleinen Schrammen wie ein Pflaster wirkt.

Von Schnitt- und Schürfwunden

Eine blutende Wunde sieht meist sehr viel schlimmer aus, als es die eigentliche Verletzung ist. Halten Sie die Schnittwunde als Erstes unter kaltes Wasser, um sie zu säubern. Danach drücken Sie eine sterile Mullkompresse oder ein sauberes Baumwolltuch auf die Wunde und halten es einige Minuten fest. Lässt die Blutung nach, wird die Wunde erst desinfiziert (zum Beispiel mit Povidon-Jod), dann mit einem luftdurchlässigen Pflaster versehen. Auch bunte Pflaster wirken Wunder, wenn es darum geht, den kleinen Patienten vom Schmerz abzulenken.

Leichte Schürfwunden sollten nach dem Reinigen mit Wasser sogar ohne Verband oder Pflaster an der Luft heilen. Nur große oder stark blutende Verletzungen müssen umgehend vom Arzt versorgt werden.

Von Stichen und Bissen

Wespen, Bienen, Mücken und Co. verschonen auch den Nachwuchs nicht. Bei Insektenstichen helfen spezielle Antihistamin-Salben aus der Apotheke, die Sie sofort nach dem Angriff auftragen. Ist keine Salbe zur Hand, hilft eine angeschnittene rohe Zwiebel: Reiben Sie mit der Schnittfläche sanft über den Stich und legen Sie für ein paar Minuten eine dünne Zwiebelscheibe auf die Einstichstelle. Sind Sie gerade unterwegs, verschafft auch eine Hand voll feuchte Erde Linderung. Geben Sie diese einfach auf die betroffene Hautstelle; dadurch werden die Giftstoffe herausgezogen. **Vorsicht:** Für diese wirksame Behandlung muss Ihr Kind unbedingt gegen Tetanus geimpft sein. Ebenfalls wichtig: Wurde Ihr Baby von einer Biene gestochen, müssen Sie vor allen weiteren Maßnahmen vorsichtig den verbliebenen Stachel herausziehen. Bei Bienen- und Wespenstichen im Mund oder an der Zunge müssen Sie sofort in die Notfallambulanz und die Stichstelle mit einem Eiswürfel kühlen. Verspürt Ihr Kind nach einem Insektenstich Atemnot oder reagiert es sogar mit einem allergischen Schock, der in der Regel mit Kreislaufproblemen, Atemstillstand und Bewusstlosigkeit einhergeht, rufen Sie sofort den Notarzt. Lassen Sie sich von der zentralen Einsatzstelle erklären, was Sie tun müssen, bis der Arzt eintrifft. Wurde Ihr Kind von einem Tier gebissen, waschen Sie die Verletzung zunächst mit Seifenlauge aus und decken sie dann mit einem leichten Mullverband ab. Danach bringen Sie das Baby sofort zum Arzt oder in eine Klinik, wo die Bisswunde fachgerecht versorgt und der bestehende Impfschutz überprüft wird – daher sollten Sie unbedingt den Impfpass dabei haben.

TIPP

Hicks – der Schluckauf

Trinkt das Baby zu schnell oder erschrickt es, zieht sich sein Zwerchfell ruckartig zusammen: Der Schluckauf ist da. Um das lästige, aber harmlose Hicksen zu beenden, bieten Sie Ihrem Kind in kleinen Schlucken einen Esslöffel Mineralwasser mit Kohlensäure an. Auch warmer, ungesüßter Tee aus einem Fläschchen mit kleinem Saugloch kann helfen. Sofern Sie noch stillen, legen Sie Ihr Baby einfach an die Brust. Hilft alles nicht, kitzeln Sie es mit dem eingedrehten Ende eines Taschentuchs vorsichtig am Naseneingang. Können Sie es zum Niesen bringen, hört das Hicksen automatisch auf.

Platz gemacht: Jetzt wird gerobbt

Sobald sich das Baby wie eine Robbe alleine durch die Wohnung schieben kann, ist fast nichts mehr vor ihm sicher. Schließlich ist der erfreuliche Bewegungsdrang an eine große Portion Neugier für das plötzlich zu erreichende Umfeld gekoppelt. Das birgt aber auch Unfallgefahren, die Sie zum großen Teil jedoch durch ein paar einfache Maßnahmen umgehen können.

Sicher verstaut

Um Vergiftungen vorzubeugen, dürfen keine Zigaretten, Tabak oder Gläser mit Alkohol auf dem Wohnzimmertisch oder einem erreichbaren Regal herumliegen oder -stehen. Medikamente heben Sie am sichersten in einer verschlossenen Hausapotheke auf. Stellen Sie auch giftige Putzmittel, Pflegeprodukte oder Kosmetika sowie Scheren und Rasierklingen an einen nicht erreichbaren oder verschließbaren Ort. Bei Putzmitteln sollten Sie zudem auf einen kindersicheren Verschluss achten. Füllen Sie die Substanzen auf keinen Fall in Limoflaschen oder ähnliche Gefäße, damit Ihr Kind nicht zum Trinken verleitet wird. Das Gleiche gilt für Duftöle oder Lampen-Petroleum. Auch einige beliebte Zimmerpflanzen (wie Efeu oder Diffenbachie) sind giftig und müssen daher außer Reichweite auf Regalen oder Schränken stehen.
Abgesehen davon dürfen keine kleinen Teile herumliegen, die Ihr Baby in den Mund stecken und verschlucken könnte. Zu solchen zählen Wohnaccessoires ebenso wie das Zubehör des Hobbybastlers oder der Näherin. Auch kleinteiliges Spielzeug (wie Murmeln, Perlen, Steckspiele oder kleine Teile aus Plastik), mit dem der Nachwuchs erst ab drei Jahren spielen sollte, ist bis dahin in beschrifteten Dosen oder Schachteln in den oberen Schrankfächern gut verstaut.

In einer kindersicheren Wohnung kann bei einer Entdeckungstour nichts passieren.

Sturzfallen ade

Sichern Sie jede Treppe oben und unten mit einem speziellen Schutzgitter – und schließen Sie diese auch dann, wenn Sie sich nur ganz kurz entfernen. Ersetzen Sie außerdem alte Fenstergriffe durch verschließbare Sicherheitsmodelle. Kann das Baby auf einen Balkon krabbeln, darf dort nichts herumstehen, an dem es sich hochziehen oder gar hinaufklettern kann. Sonst besteht die Gefahr, dass es über das Geländer oder die Brüstung stürzt. Die Gitterstäbe an Balkon und Treppe dürfen maximal einen Abstand von zehn Zentimetern haben, damit das Baby seinen Kopf nicht hindurchstecken und mit dem ganzen Körper nachrutschen kann. Sichern Sie weitere Abstände notfalls mit einem Netz oder zusätzlichen Stäben. Sogar Regale können gefährlich werden, wenn sie nicht fest in der Wand verankert sind. Versucht das Baby, sich daran hochzuziehen, könnten sie umstürzen und den kleinen Körper unter sich begraben. Das Gleiche gilt für Musikanlagen, TV-Geräte und Computer.

Heiß und brenzlig

Gelangt das Baby unbemerkt an den Herd, kann es sich schwer verbrennen. Ein Riegel an der Backofentür verhindert, dass diese heimlich geöffnet wird, ein Schutzgitter vor den Herdplatten, dass neugierige Händchen Kochtöpfe herunterziehen. Heiße Getränke oder Speisen, die auf einem Tisch mit Tischtuch stehen, bergen ebenfalls Verbrennungs- und Verletzungsgefahr – wenn das Baby von unten an der Tischdecke zieht und alles herunterfällt. Lassen Sie daher Ihr Kind während des Essens sowie beim Tischdecken und -abdecken nicht aus den Augen. Noch besser: Verzichten Sie die nächste Zeit ganz auf Tischtücher. Vorsicht auch beim Bügeln. Ist das Baby auf Entdeckungstour und zieht es kräftig an der Schnur des Eisens, kann dieses herabfallen. Nicht weniger gefährlich sind Steckdosen, die im ganzen Haus mit Schutzvorrichtungen gesichert sein sollten. Auch brennende Kerzen ziehen Babys magisch an. Deshalb sollte man jene nie unbeaufsichtigt in erreichbarer Nähe brennen lassen.

WICHTIG

Die Hausapotheke

Da Kinder nicht mit Medikamenten für Erwachsene behandelt werden dürfen, brauchen sie eine eigene Hausapotheke mit:

Desinfektionsmittel (wie Povidon-Jod) • Wund- und Heilsalbe für Kinder • Fieber- und Schmerzzäpfchen für Kinder • Kohletabletten gegen Vergiftung (nicht selbst verabreichen, nur auf Anraten des Notarztes) • Hustensaft für Kinder • Gel gegen Sonnenbrand und Insektenstiche • Mullbinden, Pflaster, keimfreie Wundschnellverbände • Brandwundauflage • Verbandschere • Dreieckstuch • Pinzette • Wärmflasche

Bringen Sie an der Hausapotheke folgende Rufnummern für den Notfall an: Notruf 112 • Polizei 110 • Krankentransport 19222 (ohne Vorwahl) • Bundesweiter Giftnotruf 030-19240 oder 03372-9653353

8.

Fußpflege macht standfest

Wenn das Baby Sie mal wieder den ganzen Tag auf Trab hält, wissen am Abend auch die Füße, was Sie getan haben. Gönnen Sie sich daher regelmäßig eine Extraportion Vitalpflege. Das erfrischt nicht nur die müden Füße, sondern auch den Geist.

Am Anfang: Fußbad mit Bohnenkraut

Geben Sie eine Hand voll getrocknetes Bohnenkraut in eine Schüssel und übergießen Sie es mit einem Liter kochendem Wasser. Schütten Sie den Sud nach etwa 20 Minuten durch ein Haarsieb in eine Fußwanne und geben Sie noch einmal einen Liter heißes Wasser hinzu. Das Fußbad sollte weder zu heiß noch zu kalt sein. Ein Teelöffel Oliven- oder Pflanzenöl rundet die Mischung ab.

Baden Sie jetzt Ihre Füße 10 bis 15 Minuten: Setzen Sie sich bequem hin und genießen Sie die Wärme ebenso wie den Duft des würzigen Bohnenkrauts, das im Badewasser seine anregende Wirkung entfaltet und die Müdigkeit nimmt.

In der Mitte: Massage mit Igelball

Heben Sie Ihre Füße aus dem Fußbad und rollen Sie, immer noch im Sitzen, die nassen Füßen so lange auf zwei Igelbällen hin und her, bis sie fast trocken sind. Üben Sie dabei mit den Fußsohlen so viel Druck auf die Bälle aus, wie es Ihnen angenehm ist.

Am Ende: Cremen mit Zimt

Vermischen Sie abschließend pro Fuß eine kleine Portion Körperlotion in den Händen mit einer Messerspitze Zimtpulver. Cremen Sie damit den Fuß von der Spitze bis zur Ferse mit knetenden Bewegungen ein. Zimt fördert die Durchblutung, macht warme Füße und wirkt antibakteriell. Damit der Zimt keine Spuren auf Teppich und Möbeln hinterlässt, ziehen Sie dicke Strümpfe über.

TIPP

Magnetische Gelsohlen

Haben Sie regelmäßig schwere Beine? Tut Ihnen der Rücken oft weh? Spezielle Einlegesohlen mit Gelflüssigkeit massieren Ihre Füße den ganzen Tag. Ein integrierter Magnet regt dabei die Reflexzonen an, steigert das allgemeine Wohlbefinden und schafft Erleichterung bei Rückenschmerzen und Muskelverspannungen. Die Magnetsohlen wirken brennenden Füßen sowie Wadenschmerzen entgegen und können täglich getragen werden. Sie erhalten die Sohlen unter anderem im Sanitätsgeschäft oder über das Internet.

Platz für ein Erinnerungsfoto

Am Ende des 8. Monats

Erlebnisse der letzten vier Wochen

»Spielende Kinder
sind lebendig gewordene Freuden.«

Christian Friedrich Hebbel

9.

Der neunte Monat

Das Baby kennt sich aus: Es weiß wo oben, unten, hinten und vorn ist – und hat Spaß an ersten Versteckspielen, die ihm mehr und mehr Orientierung verschaffen.

9.

Die 33. bis 36. Woche

Mein Kalender

- Von nun an löst der **Kindersitz** die Babyschale **im Auto** ab.
- Wird der Wunsch, wieder einmal allein mit dem Partner auszugehen, immer größer, oder möchten Sie die Hilfe von Freunden und Verwandten bei der Beaufsichtigung des Babys nicht zu häufig in Anspruch nehmen, wird es Zeit für einen **Babysitter.** Adressen finden Sie beispielsweise im Internet unter www.babysitter.de, in den regionalen Wochenblättern oder am Schwarzen Brett des nächsten Mütterzentrums. Lassen Sie bei der Wahl Ihr Herz sprechen und entscheiden Sie sich für die Person, die Ihnen auf Anhieb hundertprozentig sympathisch ist.
- Sind Sie mal nicht zu Hause, haben aber **Sehnsucht** nach Ihrem Baby, können Sie zum Hörer greifen und **anrufen**. Bitten Sie die Betreuungsperson daheim, das Telefon an das Ohr des Kindes zu halten und ihm zu sagen, dass Mama oder Papa mit ihm sprechen möchte. Durch das Telefon werden die **Konzentration** und das **Zuhören** des Kindes **geschult**. Es regt aber auch dazu an, selbst etwas zu »sagen« und unterstützt damit die **Sprachentwicklung**. Außerdem spürt Ihr Kind durch die persönliche Ansprache, dass es wichtig genommen wird – das stärkt das **Selbstwertgefühl**.

Termine rund ums Baby ....

....

....

....

Messen und Wiegen

Datum	Größe des Babys	Gewicht des Babys

So entwickelt sich das Baby

- **Gewicht:** zwischen 8,5 und 8,8 Kilo
- **Größe:** 69,5 bis 71 Zentimeter
- **Kleidung:** Das Baby hat in diesem Monat Kleidergröße 74, Schuhgröße 18, Mützenmaß 46,5.
- **Gut gestanden:** Wenn Sie das Baby aufrecht hinstellen und an den Händen halten, steht Ihr Schatz für wenige Sekunden mit dem ganzen Gewicht auf den Beinen und belastet die Fußsohlen vollständig.
- **Spielend fallen lassen:** Ganz bewusst lässt Ihr Kind Gegenstände fallen, schmeißt sie aus dem Bettchen oder schubst sie vom Tisch. Das macht Spaß und ist ein neues Spiel. Sicher merken Sie dabei schnell, dass der Nachwuchs oben und unten mittlerweile genauso unterscheiden kann wie hinten und vorn, innen und außen.
- **Spielend suchen:** Verstecken Sie sich im Zimmer, rufen »Kuckuck« und kommen dann wieder zum Vorschein, zaubern Sie ein breites Lächeln ins Babygesicht. In der Zeit, die zwischen »Kuckuck« und Auftauchen vergeht, blickt das Kind gespannt in Ihre Richtung.
- **Erste »Worte«:** Aus der Silben-Melodie werden langsam wortähnliche Gebilde, denn das Kind spricht zwei Silben wie »papa« oder »dada« klar und deutlich aus.

Meine Gedanken ....

....

....

....

Stapeln, rollen, rascheln: alle Sinne auf Empfang

Stapel- und Versteckspiele vermitteln dem Baby viele neue Eindrücke von seiner Umwelt – und es lernt, dass nicht alles so ist, wie es scheint. Wenn solche Spiele auch noch Spaß machen, mag das Kind gar nicht mehr aufhören zu lernen.

Bauen und verstecken

Schon das simple Übereinanderstapeln von Bechern ist für ein Baby ein spannendes Erlebnis. Sie können dazu einen Turm aus einem fertig gekauften Stapelbecher-Satz bauen oder einfach ein paar leere Joghurtbecher verwenden. Stecken Sie vor den Augen des Babys einen Becher über den anderen, bis ein hoher Turm entstanden ist. Anschließend nehmen Sie einen Becher nach dem anderen wieder ab und stecken sie andersherum (mit der Öffnung nach oben) wieder ineinander. Vielleicht bekommt Ihr Kind ja Lust, es selbst einmal zu probieren und die Becher wieder auseinander zu ziehen. Auf diese Weise erfährt es, wie hohle Gegenstände funktionieren, dass man etwas in sie hineinstecken und auch wieder herausnehmen kann. Nach und nach lernt das Kind so, die Welt dreidimensional zu erfassen.

Um dieses neu gewonnene Raumgefühl weiter zu unterstützen, verstecken Sie im Beisein des Kindes verschiedene Dinge und bringen sie dann wieder zum Vorschein. Legen Sie zum Beispiel mit ihrem Baby ein paar Bauklötze in einen Schuhkarton und verschließen Sie den Deckel. Schütteln Sie den Karton, damit das Baby hören kann, dass etwas darin ist. Öffnen Sie dann den Deckel wieder und zeigen Sie den Inhalt. Nehmen Sie die Klötze heraus, geben Sie dem Baby die leere Schachtel (ohne Deckel) und legen Sie die Bauklötzchen in seine Reichweite. Haben Sie seine Neugier geweckt, wird es beginnen, die Schachtel zu füllen und wieder zu leeren – immer und immer wieder.

Immer höher – beim Spielen lernen Babys, wie die Welt um sie herum funktioniert.

Sie können den kindlichen Forschungs- und Entdeckungsdrang noch weiter fördern, indem Sie ein Loch in den Deckel der Schachtel schneiden (etwa zehn Zentimeter Durchmesser). Zeigen Sie Ihrem Kind die Box und stecken Sie einen Bauklotz nach dem anderen in das Loch. Rappeln Sie zwischendurch mit der Schachtel. Holen Sie nun einen Gegenstand nach dem anderen wieder heraus. Füllen Sie die Box erneut und stellen Sie sie in greifbare Nähe des Babys. Damit ermutigen Sie es, seine Finger in die Schachtel zu stecken und die Steine herauszufischen.

INFO

Daumenlutschen entspannt

Spielen strengt kleine Kinder ganz schön an. Sobald sie sich abwenden oder quengelig werden, ist es Zeit für eine Pause. Wundern Sie sich auch nicht, wenn Ihr Kleines nach einer anstrengenden Spielzeit den Daumen in den Mund steckt. Das entspannt und ist kein Grund zur Sorge. Mit der Zeit braucht das Kind immer weniger kleine Seelentröster wie Schnuller oder Daumen. Es benötigt sie dann nur noch zum Einschlafen oder sobald es ihm gesundheitlich nicht gut geht. Lutscht Ihr Kind jedoch ständig am Daumen oder nimmt das Verlangen nach einem Schnuller überhand, sollten Sie regulierend eingreifen, um eine spätere Verformungen von Kiefer und Zähnen zu vermeiden. In allen anderen Fällen reicht es, das Kind bis zum Kindergarten zu entwöhnen. Das ist gar nicht so schwer, schließlich versteht ein Dreijähriges schon viel – auch dass die Schnullerfee in einer bestimmten Nacht kommt, um den Sauger abzuholen. An besagtem Abend legt das Kind diesen vor dem Zubettgehen extra auf den Nachttisch. Am Morgen darauf ist er für immer verschwunden. Dafür hat die Schnullerfee ein kleines Geschenk dagelassen.

Wer raschelt im Karton?

Setzen Sie Ihr Kind in einen großen Karton. Zerknüllen Sie reichlich Schmierpapier und werfen Sie einen Papierball nach dem anderen in den Karton, bis die kleinen Beine gut bedeckt sind. Dann werfen Sie das Papier einzeln wieder hinaus – und nochmal hinein. Ist Ihr Kind auf den Geschmack gekommen, wird es Sie beim Rauswerfen kräftig unterstützen. Und auch wenn es sich dabei noch zurückhält, findet es sicher Gefallen am Spiel mit dem Raschelpapier.

Wo rollen sie hin?

Legen Sie mehrere Toilettenpapierrollen zu einer Pyramide übereinander. Ziehen Sie eine der unteren Rollen heraus und lassen Sie das ganze Gebilde auseinanderkullern. Bauen Sie eine neue Pyramide und überlassen Sie Ihrem Kind das Spielfeld.

Fit hoch zwei: mit Baby-Yoga

Yoga-Übungen für Mutter und Kind bringen Kraft und Energie, unterstützen die Rückbildung, stärken den Beckenboden und wirken ausgleichend auf Groß und Klein. Nicht zuletzt vertieft das gemeinsame Yoga-Erlebnis die Bindung zwischen Ihnen und Ihrem Baby – und schafft ruhige und zufriedene kleine Kinder.

Miteinander entspannen

Yoga bietet einen heilsamen und einfachen Weg, sich gemeinsam mit dem Baby zu entspannen und eine tiefe Beziehung aufzubauen. Das Baby kann zwar noch nicht selbstständig üben, doch mit Mamas oder Papas Hilfe können die kleinen Beine und Arme sanft in die verschiedenen Positionen geführt werden. Auf spielerische Weise werden so die Beweglichkeit und das Gleichgewicht geschult. Die Eltern ihrerseits können durch ergänzende Atemtechniken physische und psychische Spannungen lösen, die gerade nach der Geburt und in den ersten Monaten mit dem Baby vermehrt auftreten. Der Kontakt zu Körper und Seele sorgt für ein nachhaltiges Wohlbefinden. Auch das Kind lernt, durch die ruhige Form der Übungen zu entspannen und ein Gefühl für den eigenen Körper zu entwickeln. Schon kleine Babys ab der fünften Woche lieben es, mit Mama oder Papa Yoga zu praktizieren, etwas größere Kinder genießen bereits aktivere Übungsformen.

Yoga mit Mama

Auch wenn Sie bislang noch keine Erfahrung mit Yoga gemacht haben: Es ist kein Problem, ohne Vorkenntnisse mit Baby-Yoga zu beginnen. Machen Sie die Übungen einfach so lange, wie sie Ihnen und Ihrem Baby gut tun und Spaß bereiten. Sobald irgendetwas nicht mehr stimmt, das Baby weint, hungrig ist oder schlafen möchte, beenden Sie Ihr Programm und setzen es ein andermal in aller Ruhe fort. Mit den folgenden Yoga-Übungen stärken Sie vor allem Ihre Bauchmuskeln sowie das Körpergefühl und das Vertrauen Ihres Babys. Schließlich beschützen und halten Sie es auch hoch in der Luft. Ruhige Momente sind ebenfalls Teil der Übungen und bringen Ihnen und Ihrem Baby Erholung und Entspannung – am besten regelmäßig einmal am Tag.

Übrigens: Wenn Sie während der Übungen versuchen, beim Einatmen die Scheidenmuskulatur nach oben zu ziehen und beim Ausatmen wieder loszulassen, stärken Sie zusätzlich Ihren Beckenboden.

Babyflieger

Legen Sie sich auf eine doppelt gefaltete Decke oder eine Yogamatte. Winkeln Sie die Beine an und grätschen Sie sie leicht. Setzen Sie Ihr Baby mit dem Gesicht zu Ihnen nahe der Oberschenkel auf Ihren Bauch. Halten Sie es mit den Händen unter den Achseln gut fest und heben Sie es hoch, bis es über Ihrer Brust schwebt und Ihnen ins Gesicht schauen kann. Ihre Arme sind dabei leicht angewinkelt. Atmen Sie tief ein und aus und halten Sie Ihr Baby so lange in dieser Position, wie es Ihnen beiden gut geht. Danach setzen Sie das Kind wieder auf Ihren Bauch, ohne dabei den Oberkörper vom Boden zu heben. Atmen Sie ein paar Mal tief und deutlich hörbar ein und aus. Dreimal wiederholen.

Babyschaukel

Setzen Sie sich auf den Boden und strecken Sie die geschlossenen Beine nach vorn aus. Legen Sie Ihr Baby bäuchlings so auf Ihre Schienbeine, dass es zu Ihnen blicken kann. Das Gesichtchen befindet sich über Ihren Knien. Halten Sie das Baby mit den Händen an seinen Armen gut fest und ziehen Sie Ihre Knie langsam in Richtung Bauch. Ihr Oberkörper rollt dabei Richtung Boden, bis er ganz aufliegt und das Baby waagerecht auf Ihren Schienbeinen liegt. Atmen Sie tief ein und aus und bleiben Sie so lange in dieser Position, wie es Ihnen beiden gut geht. Greifen Sie das Baby unter den Achseln und legen Sie es sich vorsichtig auf die Brust. Kommen Sie so langsam wieder in die sitzende Ausgangsposition. Wiederholen Sie die Übung dreimal.

Babyheben

Stellen Sie sich aufrecht hin. Die Beine sind leicht gegrätscht und stehen stabil am Boden. Halten Sie das Baby mit beiden Händen unter den Achseln vor Ihrer Brust fest. Der kleine Rücken ist Ihnen zugewandt, die Augen des Kindes schauen nach vorn. Während Sie tief und lang einatmen, heben Sie das Kind langsam bis über Ihren Kopf. In der Endposition sind Ihre Arme gestreckt und Ihr Kopf liegt im Nacken. Atmen Sie regelmäßig ein und aus und bleiben Sie so lange in dieser Position, wie es Ihnen beiden gut geht. Führen Sie das Baby langsam zurück in die Ausgangsposition und halten Sie es fest vor Ihrem Oberkörper. Atmen Sie ein paar Mal tief und deutlich hörbar ein und aus. Wiederholen Sie die Übung dreimal.

Beim »Fliegen« (links) und »Schaukeln« (rechts) entwickeln Babys ein gesundes Körpergefühl. Gleichzeitg lernen sie, Vertrauen zu finden und sich ohne Angst heben zu lassen.

9.

Babyschwimmen: schwerelos glücklich

Das feuchte Nass ist eine herrliche »Spielwiese« für Babys, Mütter und Väter. Schließlich steht beim Babyschwimmen nicht das Schwimmenlernen im Vordergrund, sondern das gemeinsame Vergnügen. Genießen Sie also einfach den unbeschwerten Körperkontakt zu Ihrem Baby.

Ab wann geht's ins Wasser?

Vielleicht haben Sie ja bereits zwischen der sechsten und der achten Lebenswoche mit einem Babyschwimmkurs begonnen. Zu dieser Zeit besitzt das Baby einen besonderen Schutzreflex: Es hält automatisch den Atem an, wenn es mit dem Kopf unter Wasser kommt, und beginnt ganz von allein, sich fortzubewegen. Auch wenn sich dieser Instinkt mit vier Monaten wieder verliert: Zurück bleibt, wenn auch keine konkrete Schwimmfertigkeit, die Vertrautheit mit dem Element Wasser. Wenn Ihr Kind schon etwas älter ist und noch keinen Kontakt mit größeren Gewässern hatte, muss es allerdings erst lernen, dass es unter Wasser besser nicht atmen sollte. Wenn Sie bei ihm sind, es festhalten und darauf achten, dass sein Kopf über Wasser bleibt, kann aber gar nichts passieren.

Hier mag das Baby schwimmen

Am besten gefällt es den Kleinen, wenn die Wassertemperatur bei angenehmen 33 °C liegt. Das Wasser sollte zudem wenig gechlort sein – Voraussetzungen, die viele private Bäder, Hallenbäder oder Klinik-Schwimmbäder mit ausgewiesenen Babyschwimmtagen erfüllen. Besonders komfortabel sind Schwimmbäder, die über Wickeltische verfügen und in denen während der Babyschwimmzeiten keine Schulkinder im Nebenbecken schwimmen: Der Lärmpegel ist für Babys noch zu hoch und die Kleinen können sich nicht mit der nötigen Ruhe an das Wasser gewöhnen.
Doch zuvor muss das Baby noch wassertauglich gemacht werden. Ziehen Sie ihm die Windel aus und eine Schwimmhose (oder Schwimmwindel) an, die an Beinen und Taille eng anliegt. Sollte es tatsächlich einmal ins Becken machen, wird der Urin vom Chlor neutralisiert, während große Geschäfte von den festsitzenden Rändern der Schwimmhose aufgehalten werden. Nehmen Sie am besten zwei Schwimmhosen mit, um im Falle eines Falles gleich wechseln zu können.

Hinein ins Schwimmvergnügen

Steigen Sie stets gemeinsam mit dem Baby ins Wasser des niedrigen Lernschwimmbeckens und halten Sie Ihr Kind fest im Arm. Sind seine Schultern ganz im Wasser, halten Sie das Kleine weiterhin eng an Ihrem Körper und marschieren so einmal durch das ganze Becken. Beginnt das Baby zu weinen, gehen Sie gemeinsam wieder hinaus, wickeln es in ein großes Frotteetuch und setzen sich mit ihm an den Rand des Beckens. Trösten Sie es mit liebevollen Berührungen und Worten und schauen Sie einen Moment gemeinsam dem Treiben im Wasser zu. Hat sich das Baby wieder beruhigt, probieren Sie es noch einmal. Da Kinder erst mit etwa fünf Jahren über die entsprechende Mototrik verfügen, die sie zum Schwimmenlernen brauchen, müssen Sie jetzt noch keine richtigen Schwimmübungen trainieren. Es reicht, wenn Sie einfache Bewegungen ausführen, die ihm Spaß machen. Nach der ersten Runde können Sie Ihr Baby zum Beispiel mit beiden Händen fest unter den Achseln halten und es langsam vorwärts durch das Wasser ziehen. Sie selbst gehen dabei rückwärts, damit Sie Blickkontakt haben. Bei der nächsten Runde ziehen Sie das Kind dann rücklings durchs Wasser. Halten Sie es dabei ebenfalls unter den Achseln fest und laufen Sie selbst wieder rückwärts. Da es in dieser Position mit dem Blickkontakt etwas schwieriger wird, sprechen Sie ein paar beruhigende Worte. Die signalisieren Ihrem Schatz, dass Sie alles im Griff haben. Zur Unterhaltung können Sie außerdem einen aufblasbaren Schwimmring, eine Schwimmnudel oder Wasserspielzeug mitnehmen. Lassen Sie Ihr Baby aber auch mit den Schwimmhilfen nie unbewacht. Um das Baby in der neuen Umgebung und mit dem neuen Körpergefühl nicht zu überfordern, sollte das erste gemeinsame Wassertraining nicht länger als 15 Minuten

Naturtalent: Fast alle Babys lieben es, gemeinsam mit den Eltern zu schwimmen.

dauern. Steigern Sie die darauffolgenden Schwimmbadbesuche je um fünf Minuten – länger als 45 Minuten sollten aber selbst »alte Hasen« nicht im Wasser bleiben.

Die Badewanne – üben im Kleinen

Bevor es zum ersten Mal ins Schwimmbad geht, können Sie Ihren Spatz in der Wanne schon einmal an die kühlere Wassertemperatur gewöhnen. Lassen Sie dazu gegen Ende des normalen Pflegebads (37 °C) langsam so viel kaltes Wasser in die Wanne laufen, bis die Temperatur auf 33 °C gesunken ist. Beenden Sie das kühle Bad nach einer Minute und steigern Sie es von Mal zu Mal um eine Minute, bis das Baby fünf Minuten im Kühlen bleiben mag.
Um Ihr Kind mit den Wasserbewegungen vertraut zu machen, lassen Sie durch Handbewegungen Wellen in der Wanne entstehen – erst kleine, dann größere. Benetzen Sie zudem sein Gesicht mit Wasser und lassen Sie mit der Hand einen dünnen Strahl vom Kopf des Kindes über Schultern und Rücken laufen. Vermeiden Sie jedoch, den Kopf unterzutauchen – in der Wanne wie im Schwimmbad. Der damit verbundene Schreck kann Angst vor Wasser auslösen.

Mit Genuss entgiften

Das schwemmt Giftstoffe aus dem Körper und regt den Stoffwechsel an: eine zweiwöchige Kur mit selbst gemachtem Karotten-Sellerie-Sirup. Dreimal täglich ein Teelöffel davon reicht aus, um den Organismus in Schwung zu bringen.

Wenn Sie zum entgiftenden Sirup täglich zweieinhalb Liter Mineralwasser oder ungezuckerte Obstsäfte trinken, auf Alkohol, Kaffee und Nikotin verzichten, kein tierisches Eiweiß in Form von Fleisch, Fisch, Geflügel oder Butter zu sich nehmen, dafür aber viel frisches Gemüse, Salat, Obst und Getreide, Brot, Nudeln, Reis und Kartoffeln essen, unterstützen Sie Ihren Körper beim Entschlacken. Das sollten Sie sich Ihrer Gesundheit zuliebe einmal im Jahr gönnen.

Karotten-Sellerie-Sirup

Für den Sirup benötigen Sie:

- 250 g Karotten, geschält und in dünne Scheiben geschnitten
- 250 g Sellerie, in Stücke geschnitten
- 3 EL Olivenöl
- 1/4 l Orangensaft
- 1 Spritzer Zitronensaft
- 500 g Honig

Karotten und Sellerie unter Rühren in Öl kurz anbraten, mit 200 ml Wasser ablöschen und in der geschlossenen Pfanne bei sanfter Hitze weich kochen. Orangen- und Zitronensaft in eine Schüssel geben. Das Gemüse in ein Sieb schütten und gut abtropfen lassen. Mit dem Pürierstab fein zerkleinern und in den Saft einrühren. Alles mit Honig verrühren und den Sirup nochmals durch ein Haarsieb streichen. Den fertigen Sirup (etwa ein Liter) in ein großes Schraubglas oder mehrere kleine Schraubgläser füllen und sofort in den Kühlschrank stellen. Dort hält er sich rund zwei Wochen.

INFO

Gehaltvoller Sirup

Karotten: Sie eignen sich wie jedes Wurzelgemüse bestens zum Entgiften. Gleichzeitig enthalten sie reichlich Beta-Karotin, und das ist nicht nur gut für Augen, Haut, Haare und Nägel, sondern beugt auch der Entstehung von Krebs vor.

Sellerie: Er entschlackt, regt die Verdauung an und entwässert.

Zitrusfrüchte: Wirken ebenfalls entgiftend. Wie jedes Obst und Gemüse enthalten sie zudem reichlich Ballaststoffe, die Stoffwechselschlacken sowie Schadstoffe in Magen und Darm binden und für deren schnelle Ausscheidung sorgen.

Platz für ein Erinnerungsfoto

Am Ende des 9. Monats

Erlebnisse der letzten vier Wochen ....

»Zwei Dinge sollen Kinder
von ihren Eltern bekommen:
Wurzeln und Flügel.«

Johann Wolfgang von Goethe

10.

Der zehnte Monat

Die Bauchlage wird zur wichtigen Ausgangsposition: Von hier aus kann sich das Baby alleine hinsetzen oder in den Vierfüßlerstand kommen – und sich von da sogar in den Stand hochziehen.

10.

Die 37. bis 40. Woche

Mein Kalender

- Anmeldung zur **U6**, die zwischen dem zehnten und zwölften Lebensmonat des Babys durchgeführt wird.
- Der Übergang zur **Kleinkindkost** steht an, die Speisen werden fester. Zudem wird die morgendliche Milchmahlzeit in diesem Monat durch Milch- und Getreideprodukte ersetzt.
- Mit Beginn der festeren Kost benötigt Ihr Kind täglich 200 Milliliter **Flüssigkeit** zum Trinken.
- Tauschen Sie das Saugfläschchen gegen einen **Trinkbecher** mit zwei Griffen und einer Trinkhilfe aus. Dadurch fördern Sie die Selbstständigkeit des Kindes.
- Wenn Ihnen Musik am Herzen liegt und Sie eine musikalische Früherziehung für Ihr Kind wünschen, ist der **Musikgarten** für Babys genau das Richtige. Mit seinem musikpädagogischen Konzept regt er Eltern mit Kindern bis 18 Monate zum gemeinsamen Musizieren an. Weitere Infos und Adressen: www.musikgarten.info.
- Ihr Baby weiß jetzt, wer mit Mama und Papa gemeint ist, und kennt seinen eigenen Namen – was Sie zur **Sprachförderung** nutzen können, indem Sie kleine Sätze damit bilden: »Mama macht das Mittagessen, Papa muss früh aufstehen ...«

Termine rund ums Baby ....

....

....

....

Messen und Wiegen

....
Datum Größe des Babys Gewicht des Babys

So entwickelt sich das Baby

- **Gewicht:** zwischen 8,8 und 9 Kilo
- **Größe:** 71 bis 72 Zentimeter
- **Kleidung:** Das Baby hat in diesem Monat Kleidergröße 74, Schuhgröße 19, Mützenmaß 46,5.
- **Alleine hinsetzen:** Das Baby beherrscht die Drehung aus der Bauchlage mittlerweile so gut, dass es sich mit Unterstützung der Hände selbstständig hinsetzen kann. Im Sitz hält sich das Kind spielend mit geradem Rücken auch über längere Zeit im Gleichgewicht.
- **Stehen üben:** Auch auf allen Vieren kann sich das kleine Kind gut behaupten. Es zieht sich jetzt sogar immer öfter zum Stehen hoch.
- **Geschickte Hände:** Nun benutzt das Kind auch Daumen und Zeigefinger, um kleine Gegenstände zu fassen und zu untersuchen. Umschließt das Kind mit jeder Hand einen Gegenstand, klopft es beide aneinander. Und es macht immer mehr Vergnügen, wenn Spielzeug schwungvoll durch die Gegend fliegt. Sind Sie gerade in der Nähe, dürfen Sie mitspielen – und das Objekt aufheben und zurückgeben.
- **Erste Antworten:** Wenn Sie dem Baby Silben wie »dada« oder »baba« vorsprechen, wird es diese bald wiederholen. Fragen wie »Wo ist der Papa?« beantwortet es mit einem Blick auf die gesuchte Person.

Meine Gedanken ....

....

....

....

10.

Quietschvergnügt: beim Tanzen und Singen

Legen Sie doch mal eine Tanzstunde ein: Wählen Sie Ihre Lieblingsmusik und bewegen Sie sich mit dem Baby auf dem Arm ausgelassen zum Rhythmus. Wenn Sie dann auch noch mitsingen, ist das Kleine vollauf begeistert und glücklich – während Sie ganz nebenbei ein gesundes Fitnesstraining für zwei hinlegen. Und: Die Freude beim Singen und Tanzen löst beim Baby so viel Wohlbefinden und Zuneigung aus, dass es sich auch auf seine weitere emotionale Entwicklung positiv auswirkt.

Kleine Tanzlektion

Tanzen Sie barfuß oder mit rutschfesten Socken und kleinen Schritten: Nehmen Sie Ihr Baby auf den Arm und beginnen Sie den »Tanzkurs« mit einfachen Walzerschritten. Stellen Sie sich mit geschlossenen Beinen gerade hin und setzen Sie Ihr linkes Bein einen Schritt zurück. Es folgt das rechte Bein, das Sie rund 30 Zentimeter neben das linke stellen. Ziehen Sie den linken Fuß an den rechten heran. Gehen Sie mit dem rechten Bein wieder einen Schritt nach vorn und stellen Sie das linke Bein rund 30 Zentimeter daneben. Nun ziehen Sie den rechten Fuß neben den linken – und sind wieder in der Ausgangsstellung. Wiederholen Sie diese Schritte und werden Sie dabei immer schneller. Versuchen Sie dann, sich leicht drehend von der Stelle zu bewegen. Damit es einfacher wird, sprechen Sie die Schrittabfolgen am Anfang laut mit, so dass ein Walzer-Singsang entsteht: Rück – seit – schließ, vor – seit – schließ, rück – seit – schließ, vor – seit – schließ ... und immer weiter so. Wenn Sie schon richtig im Walzerschritt herumwirbeln, macht es bestimmt noch mehr Spaß, ein passendes Lied dazu zu singen, zum Beispiel:

»Widewidewenne heißt meine Puthenne.
Kann nicht ruh'n, heißt mein Huhn,
Wackelschwanz heißt meine Gans.
Widewidewenne heißt meine Puthenne.«

Der Stampf-Tanz

Stellen Sie sich aufrecht hin, halten Sie Ihr Baby im Arm und legen Sie Ihre Stirn an die des Kindes. Nun laufen Sie mit kräftigen kurzen Schritten vor und zurück – jeweils vier Schritte. Wackeln Sie beim Gehen stark mit Ihren Hüften von rechts nach links, so dass Sie in einen leicht stampfenden Watschelgang fallen. Anschließend machen Sie auf dieselbe Art vier Schritte nach rechts und stampfen wackelnd wieder vier Schritte nach links. Untermalen Sie den Stampf-Tanz mit einem Sprechgesang im eigenen Tempo und Rhythmus:

»Stampfen, immer stampfen, das macht mich so schuschuschuschu ...«

Der Wirbel-Tanz

Für den nun folgenden Tanz nehmen Sie Ihr Baby fest in den Arm und wirbeln einfach zusammen im Kreis herum – mal nach links, mal nach rechts. Dazu passt wiederum ein Lied im Dreivierteltakt, wie der Klassiker »Ach du lieber Augustin«:

»Ach, du lieber Augustin, Augustin, Augustin,
ach, du lieber Augustin, alles ist hin.
Geld ist hin, Mädl ist hin,
alles ist hin, Augustin.
Ach, du lieber Augustin, alles ist hin.

Ach, du lieber Augustin, Augustin, Augustin,
ach, du lieber Augustin, alles ist hin.
Rock ist weg, Stock ist weg,
Augustin liegt im Dreck.
Ach, du lieber Augustin, alles ist hin.«

Der Hüpf-Tanz

Zum Ende der Tanzstunde wird es dann wieder etwas ruhiger. Hocken Sie sich mit Ihrem Baby auf den Boden. Singen Sie »Häschen in der Grube« und kommen Sie bei der Zeile »dass du nicht mehr hüpfen kannst?« mit dem Baby auf dem Arm in den Stand. Lassen Sie den Tanz mit kleinen Hüpfern zu »Häschen, hüpf« ganz gemächlich ausklingen.

»Häschen in der Grube,
saß und schlief,
saß und schlief.
Armes Häschen, bist du krank,
dass du nicht mehr hüpfen kannst?
Häschen, hüpf,
Häschen, hüpf,
Häschen, hüpf!«

INFO

Zu zweit im Takt

Gemeinsames Tanzen führt das Baby auf eine wundervolle Entdeckungsreise in den eigenen Körper. Mit rhythmischen Bewegungen unterstützen Sie die Entwicklung seines Balancegefühls. Dabei fördern Sie auch seine Beweglichkeit, die Stärkung der Muskulatur und ganz einfach die Lust, den Körper aktiv einzusetzen. Nicht zuletzt schafft der Tanz Möglichkeiten, die Phantasie und die Kreativität des kleinen Kindes anzuregen.
Dank des positiven Körperkontakts kann das Baby auf gesunde Weise die Fähigkeiten entwickeln, sich zu binden und zu lieben. Denn Umarmungen, Gesang, Lachen und Küssen lösen genauso wie der gemeinsame Tanz sogenannte neurochemische Aktivitäten im Gehirn aus, die zu einer normalen Gestaltung jener Gehirnregionen führen, die für Bindungen zuständig sind. Das menschliche Gehirn braucht nämlich nicht nur geistige Anregungen, sondern auch körperliche.

10.

Feste Kost: gut verdaut

Endlich bekommen die kleinen Zähne was zum Beißen und darüber freut sich auch der gesamte Verdauungsapparat des Kindes. Der hat sich nämlich bereits zusammen mit dem Stoffwechsel auf festere und abwechslungsreiche Kost vorbereitet.

Neues auf dem Speiseplan

Ab dem zehnten Monat entfällt endgültig auch die morgendliche Milchflasche beziehungsweise das Stillen zum Frühstück. Stattdessen frühstückt Ihr Kind nun Vollkornbrot oder Müsli und trinkt dazu Milch aus einem Trinkbecher. Für das Mittagessen bleiben Sie bis zum ersten Geburtstag beim bewährten Gemüse-Kartoffel-Fleisch-Fett-Brei. Allerdings brauchen Sie diesen jetzt nicht mehr so fein zu pürieren wie in den letzten Wochen. Zerdrücken Sie die Zutaten nur noch grob, ehe Sie ihn auf den Tisch bringen. Das ermuntert das junge Gebiss zum ausgiebigen Kauen. Als Nachtisch schmeckt ein geriebener Apfel oder zerdrücktes beziehungsweise fein geschnittenes weiches Obst. Auch die Nachmittagsmahlzeit belassen Sie wie gehabt und rühren einen Vollkornflocken-Obst-Fett-Brei ohne Milch an. Erst beim Abendessen gibt es wieder eine Änderung im Speiseplan: Geben Sie Ihrem Kind ab jetzt anstelle des bisherigen Abendbreis grob zerdrücktes Obst, Brot und einen Trinkbecher voll Milch.

Erscheint es Ihnen, aus welchem Grund auch immer, zu aufwändig, das Kleinkindessen selbst zuzubereiten, bietet Gläschenkost eine gute Alternative. Sie muss aufgrund strenger Richtlinien schadstoffarm sein, aus frischer Rohware gefertigt werden und viele Nährstoffe aufweisen, weshalb die Zutaten besonders schonend verarbeitet werden. Achten Sie beim Kauf jedoch auf altersgerechte Kost, damit Menge und Kalorienbedarf stimmen. Dann können Sie sichergehen, dass Ihr Schatz alles bekommt, was er braucht.

TIPP!

Weniger ist mehr

Um Ihr Baby vor Allergien zu schützen, ist es hilfreich, im ersten Lebensjahr auf Gewürze, Kakao, Nüsse, Schokolade und Zitrusfrüchte zu verzichten. Verwenden Sie außerdem kein Salz und keinen Zucker. Auch wenn Ihnen der selbst gemachte Brei oder das Fertiggericht relativ geschmacklos erscheinen: Würzen Sie nicht nach. Ihrem Baby wird es schmecken, denn es hat einen ungleich feineren Geschmackssinn als Sie – und kennt ja auch noch nichts anderes.

Flüssigkeit für die gute Verdauung

Sobald die Kost fester wird, braucht der kleine Körper zusätzliche Flüssigkeit zum Verdauen. Milch gilt jedoch als Nahrungsmittel und ist kein Getränk im herkömmlichen Sinn. Vermengen Sie zum Trinken etwas Saft ohne Zucker mit Wasser oder – noch besser – geben Sie dem Baby dünne, ungesüßte Kräutertees oder klares Wasser. Bieten Sie ihm zwischen den Mahlzeiten immer wieder den Trinkbecher an, sodass es pro Tag insgesamt rund 200 Milliliter zu sich nimmt.

Sollte es wegen der Kostumstellung trotzdem einmal zu Verstopfung kommen, hilft Milchzucker die Verdauung anzuregen. Probieren Sie es zunächst mit einem Teelöffel pro Tag und steigern Sie die Gabe täglich um einen Teelöffel, bis es mit dem Stuhlgang klappt. Doch Vorsicht: Zu viel Milchzucker kann Bauchschmerzen oder Durchfall auslösen. Hat sich nach drei Tagen immer noch kein Stuhlgang eingestellt, sollten Sie vorsichtshalber zum Arzt gehen. Der sofortige Arztbesuch wird hingegen nötig, wenn

- das Kind neben der Verstopfung unter heftigen Bauchschmerzen leidet,
- der Bauch gespannt ist,
- das Kind erbricht,
- keine Winde abgehen.

Kleckern erlaubt: Lassen Sie Ihr Kind Freude am Essen entdecken – durch Selberlöffeln.

Süßigkeiten wohl dosiert

Wer seinem Kind hin und wieder doch einmal Kakao, Schokolade und andere Süßigkeiten anbietet, sollte bedenken, dass sie zu Verstopfung führen – und Zucker macht süchtig auf mehr. Zu viel Süßes am Tag bereitet zudem den Weg für Karies und Übergewicht. Auch nimmt es den Appetit auf gesunde Mahlzeiten. Deshalb ist es am besten, die Kleinen erst gar nicht auf den Geschmack zu bringen.

Achten Sie auch auf versteckten Zucker, wie Apfel- und Birnendicksaft, Fruktose, Glukose, Honig, Maltodextrin, Maltose und Saccharose. Lebensmittelhersteller, die ihre Ware als »kristallzuckerfrei« anpreisen, verwenden in der Regel einen süßen Ersatzstoff, der normalem Zucker in seiner Wirkung nicht nachsteht. Und: Gewöhnen Sie Ihrem Baby außerdem schon jetzt an, dass es sich nach allem Süßen die Zähne putzt.

Gut aufgehoben: Netzwerke knüpfen, Freundschaften pflegen

Nicht nur der gewohnte Alltag ändert sich mit dem Baby, sondern auch die Beziehung zu den Freunden. Wer aus dem Bekanntenkreis keine eigenen Kinder hat, wird nicht immer Verständnis dafür haben, dass spontane Treffen oder Anrufe nach 22 Uhr sich nicht mehr so gut mit dem Leben der jungen Familie vereinbaren lassen. Andere Freunde sind vielleicht zu zurückhaltend und melden sich immer seltener, weil sie fürchten, die intimen neuen Bande zu stören. So ein Verhalten tut weh und kann junge Eltern mehr und mehr in die Isolation bringen. Da bleibt nur eins: Werden Sie aktiv, binden Sie alte Freunde in Ihr Familienleben ein und suchen Sie sich neue, mit denen Sie sich über Ihre aktuelle Situation austauschen können – auch über den Babytalk hinaus.

Regelmäßige Telefonate helfen, Kontakt zu halten – zu Freunden und zu Kollegen.

Alte Freunde binden

Selbst die beste Freundin oder gute Bekannte müssen erst einmal eine Beziehung zum Nachwuchs aufbauen, um Vater, Mutter und Kind für die nächsten Jahre als selbstverständliche Einheit zu verstehen. Wenn Ihre freie Zeit durch den Rhythmus des Babys eingeschränkt ist und Sie nicht ins Kino oder auf Partys gehen können, laden Sie Ihre Freunde doch einfach regelmäßig zu sich nach Hause ein. Wählen Sie Zeiten aus, die in Ihr neues Leben passen, und bitten Sie Ihre Gäste, einen Salat oder andere Speisen für ein unkompliziertes Abendessen mitzubringen. Dadurch haben Sie nicht noch zusätzliche Arbeit, die das Treffen eher zur Belastung denn zur Freude macht. Wenn Sie Freund oder Freundin zudem bitten, ab und zu auf Ihr Baby aufzupassen, bestärkt sie dies darin, weiterhin eine wichtige Bezugsperson zu sein – für

die ganze Familie. Sicher wird Ihnen auch Ihr Vertrauen hoch angerechnet und nicht zuletzt kann die jeweilige Person das Baby besser kennen und lieben lernen.
Etwas schwieriger ist es, Beziehungen zu ehemaligen Arbeitskollegen aufrecht zu erhalten. Trotzdem: Im Hinblick auf einen möglichen späteren Wiedereinstieg in den Beruf lohnt es sich, während der Elternzeit auch diese Kontakte zu pflegen. Am einfachsten ist es, die Kollegen hin und wieder privat anzurufen, wenn Sie gerade Zeit für einen kurzen Plausch haben. Dabei muss gar nicht das Baby Gesprächsthema Nummer eins sein, im Gegenteil. Sie werden sehen, wie gut es tut, auch einmal ganz andere Dinge zu bereden.

Neue Freunde finden

Für neue, auch tief gehende Kontakte ist es nie zu spät. Sie müssen dafür nur regelmäßig mit Ihrem Baby das Haus verlassen – um eine Krabbelgruppe zu besuchen, im Mütterzentrum zu frühstücken oder ganz einfach auf den Spielplatz zu gehen. Überall dort warten andere Mütter nur darauf, nette Menschen zu treffen, mit denen sie sich austauschen und hemmungslos über alle möglichen Probleme und Ereignisse rund ums Baby reden können. Ist Ihnen jemand sympathisch, scheuen Sie sich nicht, gleich die Adressen und Telefonnummern auszutauschen oder vorzuschlagen, sich am nächsten Tag mit einer Thermoskanne Kaffee am gleichen Ort wiederzutreffen. Je besser Sie sich mit der Zeit kennen, desto mehr werden sich Ihre Gespräche auch um andere Themen drehen und es wird nicht immer (nur) um Ihre Babys gehen. Nach und nach entstehen so freundschaftliche Netzwerke, die Sie nicht nur in die Erwachsenenwelt zurückbringen, sondern auch unbezahlbar sein können, wenn es um die gegenseitige Kinderbetreuung, Arztempfehlungen, Erziehungstipps, die Freizeit- oder Urlaubsgestaltung geht.

Vorbild Großfamilie

Sie glauben, Ihr Tag sei mit dem Baby allein schon ausgefüllt und anstrengend genug und Sie bräuchten nicht noch zusätzliche Verabredungen? Sicher, zum Teil haben Sie damit recht: was die Fülle an Aufgaben betrifft. Doch das Baby ersetzt Ihnen keinen Gesprächspartner und das ständige Alleinsein zu Hause kann über kurz oder lang seelische und sogar körperliche Beschwerden nach sich ziehen. Früher hatten junge Mütter eine Großfamilie im Rücken, mit der Probleme besprochen wurden und die wertvolle Erfahrungen weitergeben konnte. Heute fehlt den meisten jungen Familien solch ein Austausch und auch die vielen wichtigen Ratschläge. Wer einsam und zugleich überfordert mit der neuen Lebenssituation ist, für den ist der Weg nach draußen die einzige Möglichkeit, liebe Menschen und Unterstützung zu finden. Mit ihnen können Sie eine moderne Art von Großfamilie gründen, von der alle Beteiligten profitieren.

10.

Schafft Halt: der starke Rücken

Gezielte Bewegungen und eine bewusste Haltung helfen, den Rücken bei seiner täglichen Schwerstarbeit zu unterstützen und zu mobilisieren. Denn Heben und Tragen von Baby, Kinderwagen oder Einkaufstaschen belasten die Wirbelsäule mit ihren zarten Wirbelbögen, Bandscheiben und Bändern enorm. Regelmäßige Wirbelsäulengymnastik stärkt Ihren Rücken nachhaltig und schützt vor Verletzungen und Schmerzen.

Katzenbuckel

Knien Sie sich auf eine doppelt gefaltete Decke oder Yogamatte und begeben Sie sich in den Vierfüßlerstand. Ziehen Sie das rechte Knie in Richtung Bauch und kommen Sie ihm mit dem Kopf entgegen. Der Rücken ist dabei ganz rund. Strecken Sie das angezogene Bein aus dieser Position gerade nach hinten, so dass es eine Linie mit dem Rücken bildet. Der Kopf geht bei dieser Bewegung wieder nach vorn. Der Nacken bildet jetzt die direkte Verlängerung des Rückens. Achten Sie darauf, nicht ins Hohlkreuz zu fallen – Ihr Rücken sollte gerade sein wie ein Tisch. Aus der Ausgangsposition kommt jetzt das linke Bein an die Reihe. Wiederholen Sie das Ganze im Wechsel und mit fließenden Bewegungen insgesamt zehnmal. Kommen Sie in den aufrechten Stand und schütteln Sie Arme und Beine kräftig aus.

Katzengang

Bleiben Sie im Vierfüßlerstand. Der Rücken ist ganz gerade. Bewegen Sie sich vorwärts, indem Sie erst die rechte Hand und das linke Bein nach vorn setzen, dann die linke Hand und das rechte Bein. Nach zehn kleinen Schritten geht es ebenso viele Schrittchen zurück. Krabbeln Sie insgesamt zehnmal hin und her. Dann stellen Sie sich aufrecht hin und schütteln Arme und Beine wieder kräftig aus.

Schulterrollen

Eine gute Übung für zwischendurch, die den gesamten Schulterbereich lockert: Stellen Sie sich gerade und mit leicht gespreizten Beinen hin. Die Arme hängen locker seitlich am Körper herab. Rollen Sie die Schultern erst fünfmal nach vorn, dann fünfmal nach hinten und zum Schluss fünfmal in gegenläufiger Richtung. Schütteln Sie anschließend die Arme locker aus.

TIPP

Dynamisch sitzen

Damit die Wirbelsäule beweglich bleibt, ändern Sie im Sitzen sooft es geht die Position und wechseln häufig zwischen Stuhl und Sitzball. Ein Keilkissen auf dem Stuhl unterstützt die Haltung.

Platz für ein Erinnerungsfoto

Am Ende des 10. Monats

Erlebnisse der letzten vier Wochen ....

....

....

....

....

....

....

....

»Gib dem kleinen Kind einen dürren Zweig, es wird mit seiner Phantasie Rosen daraus sprießen lassen.«

Jean Paul

11.

Der elfte Monat

Mutig und emsig übt sich das Kind in seiner Selbstständigkeit, egal ob es mit den eigenen Händen isst, aus der Tasse trinkt, krabbelt oder sich an der Tischkante entlanghangelt.

11.

Die 41. bis 44. Woche

Mein Kalender

- Servieren Sie den Brei im Teller oder Schüsselchen und mit einem eigenen Plastiklöffel – und regen Sie Ihr Kind an, **selbst zu essen**.
- Bieten Sie die Milch zum Frühstück oder Abendbrot in einer normalen **Tasse** an. Ermutigen Sie das Kind, diese alleine zu greifen und halten Sie beim Trinken den Tassenboden nur unterstützend fest.
- Achten Sie mehr denn je darauf, **Vorbild** für Ihr Kind zu sein; nicht nur in dem, was Sie sagen oder tun, sondern auch in der Wahl Ihrer Gesten. Genau die imitiert das Baby jetzt besonders gern, um sie in sein Verhaltensrepertoire zu übernehmen.
- Leiden Sie an einer Krankheit oder den Folgen einer solchen, sind Sie extrem erschöpft oder braucht Ihr Kind aus gesundheitlichen Gründen Erholung und Luftveränderung, haben Sie eventuell Anspruch auf eine **Mutter-/Vater-Kind-Kur**. Mit einem ärztlichen Attest und mit fachkundigem Beistand bewilligen die gesetzlichen Krankenkassen den Antrag meist und übernehmen den Großteil der Kosten. Informationen und Hilfe erhalten Sie unter anderem bei den Beratungsstellen des Müttergenesungswerks, der Caritas, der Arbeiterwohlfahrt oder beim Deutschen Arbeitskreis für Familienhilfe e. V. unter www.ak-familienhilfe.de oder bei der Kur + Reha GmbH unter www.kur.org.

Termine rund ums Baby ....

....

....

....

Messen und Wiegen

....	....	....
Datum	Größe des Babys	Gewicht des Babys

So entwickelt sich das Baby

- **Gewicht:** zwischen 9 und 9,6 Kilo
- **Größe:** 72 bis 74 Zentimeter
- **Kleidung:** Das Baby hat in diesem Monat Kleidergröße 74, Schuhgröße 19, Mützenmaß 48.
- **Es krabbelt:** Auf allen Vieren krabbelt das Baby munter durch die Gegend. Dabei bewegt es abwechselnd erst den rechten Arm und das linke Bein nach vorn, dann den linken Arm und das rechte Bein.
- **Feste Schritte:** Hat sich Ihr Kind an einem Möbelstück hochgezogen, probiert es seitliche Gehbewegungen. Dabei hält es sich vorerst noch gut fest. Wenn Sie das stehende Kind an beiden Händen nehmen, macht es die ersten Schritte. Die Gehversuche sind zwar noch wackelig, aber die Fußsohlen werden bereits voll belastet.
- **Finden und ziehen:** Wieder stehen neue Spiele auf dem Programm. In diesem Monat kann Ihr Baby zum Beispiel kleinere Gegenstände finden, die Sie zuvor vor seinen Augen versteckt haben. Oder es lernt, Spielzeug an einer Schnur zu ziehen.
- **Essen und trinken:** Ihr Kind wird immer selbstständiger. Es isst seinen Keks bereits allein aus der Hand und kann mit beiden Händen und etwas Unterstützung sogar schon seine Tasse zum Mund führen.

Meine Gedanken ....

....

....

....

11.

Früh geübt: Sprachspiele und Reime

Kleine Kinder lernen vieles, indem sie ihre Eltern nachahmen. Wie ein Schwamm saugen sie alles auf, was sie fühlen, sehen und hören. Nutzen Sie die Neugier Ihres Kindes und bringen Sie ihm immer wieder spielerisch Sprache nahe – zum Beispiel beim Baden, Waschen und Wickeln. Auf diese Weise öffnen Sie Stück für Stück das Tor in die Zauberwelt des Sprechens und fördern durch vielfältige Anregungen, dass sich Verstand und Intellekt Ihres Babys prächtig entwickeln.

Lustige Zungenbrecher

Hier mag das Baby genau zuhören. Ob Sie es ohne Versprecher schaffen, die Reime vorzutragen? Je öfter Sie es probieren, desto besser klappt's – und Ihr Spatz freut sich.

»Dusel hatte der Esel,
als er mit der Nase im Nebel
neben den stachligen Zaun stieß.«

»Duckt sich der dicke Dachs,
duckt sich der dicke Dachs doch.«

»Mohn und Kohl wird zu
Mohnbrot und Rotkohl.«

»Kriechen Drachen ohne Krachen,
krochen Rochen ohne Knochen.«

»Feine Fische flitzen vielen Fischern davon,
vielen Fischern flitzen feine Fische davon.«

»Hündchen aus München
mit Hühnchen im Mündchen.«

»Könnten Kaulquappen
mit dem Maul klappen,
hießen sie Maulklappen
und nicht Kaulquappen.«

»Seicht schleicht der Scheich
um sein Reich,
und denkt an den Teich
hinterm Deich gleich.«

»Wenn kleine Kröten
hinter großen Kröten klettern,
klettern kleine Kröten
großen Kröten hinterher.«

»Knacks macht's
und die Leiter kracht nachts.«

Heiteres Tierkonzert

Vergnügliche Reime, die durch ihren anregenden Rhythmus erst recht zum Zuhören verleiten, unterstützen das Kind dabei, die Welt und die Sprache zu erobern. Wie wäre es damit:

»Wenn Möpse singen
und Frösche springen,
ist das große Tierkonzert in Gang:
mit Trompete, Trommeln und Gesang.«

»Das Schwein bläst die Tuba,
der Storch kommt extra aus Kuba,
die Meise zwitschert ganz leise
und der Kakadu erholt sich erst mal
von der Reise.«

»Dann geht es zu Tisch!
Da freut sich nicht nur der Fisch.
Alle haben Hunger und Durst,
bei der Schlacht am Buffet
geht's dann um die Wurst.«

»Am späten Abend sind alle Tiere satt,
sie sitzen am Tisch, fast alle sind matt.
Doch dann kommt der letzte Tanz und
sie hüpfen noch einmal im Sternenglanz.«

INFO

Grimassenschneiden festigt die Mimik

Zuschauen, nachmachen und Spaß haben: Kleine Mimikspiele für zwischendurch erheitern das Gemüt, trainieren die Gesichtsmuskulatur und zeigen, dass man sich selbst ohne große Worte nur über das Gesicht verständigen kann.

- Ich bin überrascht, wenn ich laut »Ah ...« sage und dabei meine Augen ganz weit aufreiße.
- Ich bin enttäuscht, wenn ich fast schluchzend »Oh ...« sage, meine Augenbrauen zusammenziehe und die Stirn in Falten lege.
- Ich bin ratlos, wenn ich fragend »Eh ...?« sage und dazu eine skeptische Mine mache.
- Ich bin erschrocken, wenn ich »Uh ...!« rufe und ein spitzes Gesicht aufsetze.
- Ich ekele mich, wenn ich »Iiiii ...!« rufe und meinen Mund breit verziehe.

Gesund durchs Jahr

Die Natur kennenzulernen ist eine wichtige und bereichernde Erfahrung im jungen Leben Ihres Kindes. Am besten kann es das natürlich, wenn es draußen ist. Doch gerade dort lauern viele unbekannte Gefahren, besonders im Hinblick auf die Art und Weise, wie ein Baby Neues erkundet: indem es alles Mögliche in den Mund steckt.

Auf der Wiese

Prächtige Blüten, raschelnde Blätter und leuchtende Beeren verlocken jedes Kind zum Zugreifen. Doch Vorsicht: Das unscheinbare Unkraut in der blühenden Wiese kann unter Umständen genauso giftig sein wie die vielen bunten Pflanzen im heimischen Garten. Daher empfiehlt es sich, das Baby erst einmal nur auf kurz gemähtem Rasen, außer Reichweite des Blumenbeetes und unter ständiger Aufsicht spielen zu lassen. Je kürzer das Gras geschnitten ist, desto weniger werden auch Bienen und Wespen von saftigem Klee oder anderen Blüten angelockt. Und das schützt Ihr Kind vor Insektenstichen. Schwirren dennoch viele lästige Plagegeister umher, setzen Sie Ihr Kind einfach unter einen Baum, hängen ein Moskitonetz wie ein Zelt im Geäst auf und verspannen es am Boden. Hängen Sie das Netz hoch genug auf, damit der Stoff nicht am Boden aufliegt und sich das Kind beim Krabbeln nicht darin verheddern kann.

Im Sandkasten

Damit Ihr Kind beruhigt im Sand spielen kann, sollte die Sandkiste bis zum Gebrauch stets gut abgedeckt sein. Das schützt nicht

WICHTIG!

Giftige Pflanzen

In Gärten, auf Balkonen und Terrassen stehen oft giftige Pflanzen, von deren Gefahr wir nichts ahnen. Die folgende Liste kann nur eine kleine Auswahl an Pflanzen aufzählen: Akelei, Alpenveilchen, Aronstab, Blauregen, Buchsbaum, Efeu, Eibe, Eisenhut, Engelstrompete, Fingerhut, Gartenkrokus, Goldregen, Herbstzeitlose, Hundspetersilie (ein Unkraut), Maiglöckchen, Märzenbecher, Narzissen, Oleander, Pfaffenhütchen, Pfingstrosen, verschiedene Pilze, Rhododendron, Riesenbärenklau, Rittersporn, Schneeglöckchen, Schöllkraut (ein Unkraut), Schwertlilie, Stechapfel, Stechpalme, Thuja, Tollkirsche, Tränendes Herz und Wolfsmilch (ein Unkraut). Einen umfassenden Überblick inklusive Bilder erhalten Sie zum Beispiel unter www.giftpflanzen.com.

nur vor Regen, sondern auch vor Verunreinigungen durch Katzen-, Marder- oder Vogelkot. Mit dem Sand an öffentlichen Spielplätzen ist das natürlich so eine Sache. Da bleibt Ihnen nichts anderes übrig, als ganz genau hinzuschauen und das Feld zu räumen, wenn Sie zum Beispiel Hundekot darin entdecken. Achten Sie auch auf herumliegende Zigarettenstummel und entfernen Sie diese, damit der hochgiftige Tabak nicht in die Hände Ihres Kindes gelangt. Weggeworfene Plastiktüten in Sandkastennähe sollten Sie ebenfalls wegräumen, um das Kind nicht zum Spiel zu verlokken. Zieht sich Ihr Schatz eine Tüte über den Kopf, besteht Erstickungsgefahr. Zum Schutz vor Infektionen sollten Sie schließlich nach jedem Aufenthalt im Freien die Hände Ihres Kindes mit warmem Wasser und Seife waschen.

Regentonnen und Gartenteiche

Fällt ein kleines Kind in einen Gartenteich oder kopfüber in eine Regentonne, kann es ertrinken. Decken Sie daher alle Sammelbehälter für Regenwasser sicher ab und begrenzen Sie Teiche so, dass das Kind erst gar nicht an den Rand gelangen kann.

Winterfreuden

Wenn Sie das Kind bei jedem Winterausflug warm anziehen und in einen Fellsack stecken, können Sie den Aufenthalt im Freien ungestört genießen. Bei großer Kälte sollten Sie auf eine Rückentrage, eine Tragetasche oder den Schlitten verzichten, da das Kind hierin schnell auskühlen kann. Legen oder setzen Sie Ihr Kind jetzt besser in den Kinderwagen. Notfalls schützt eine zugeschnittene Styroporplatte, die Sie unter die Matratze legen, von unten gegen Kälte. Allerdings kann es dem Kleinen auch im Winter zu warm werden, wenn die Sonne in den geschützten Kinderwagen hineinfällt. Machen Sie daher immer wieder mit dem Finger eine Temperaturprobe am Nacken des Kindes. Apropos Sonne: Auch im Winter braucht das Baby bei gutem Wetter eine Creme mit UV-Schutz. Bei klirrender Kälte schützt zudem eine dicke Schicht Gesichtscreme die empfindliche Haut. Die Creme darf kein Wasser enthalten, da diese auf der Haut gefrieren kann.

Endlich Sommer – unter Ihrer Aufsicht genießt das Baby kitzelnde Grashalme.

11.

Mit Liebe gemacht: Vertrauen und Selbstsicherheit

Geborgenheit und Sicherheit in der Beziehung zu seinen Eltern gelten als Grundbedürfnisse eines jeden Babys. Sie zu erfüllen ist nicht schwer: Durch den feinfühligen Umgang mit dem kleinen Menschen, die liebevolle Zuwendung bei der Pflege oder beim Spielen und viel Muße wird Ihr Baby zufrieden und selbstsicher.

Lassen Sie sich Zeit

Um sich zu einem ausgeglichenen Menschen mit positivem Selbstwertgefühl entwickeln zu können, braucht das Baby das ungebrochene Vertrauen in eine Bezugsperson. Fühlt es sich aufgehoben, hat es die Kraft, seine Umwelt aus eigenem Antrieb selbst zu erkunden. Es muss dabei keine Angst haben, denn es weiß, dass Mutter oder Vater in jeder erdenklichen Notsituation sofort zur Stelle sind, um zu helfen. Dadurch schenken Sie Ihrem Kind Freiheit sowie die uneingeschränkte Möglichkeit zu lernen und sich gesund zu entwickeln. Sein Urvertrauen kann wachsen.
Körperliches und seelisches Wohlbefinden wiederum wird durch eine harmonische und ständig wachsende Eltern-Kind-Beziehung gefördert. Dafür benötigen Sie von Anfang an viel Zeit, um sich auf das Kind, sein ihm eigenes Tempo und Spiel einzulassen. In unserem hektischen Alltag ist das gar nicht immer so einfach – wir müssen Muße zum Teil ganz neu lernen und entdecken. Leistungsdruck, überfüllte Terminpläne und Freizeitstress lassen sich nicht vereinbaren mit einem Baby, das viel Zeit und Zuwen-

INFO

Enge Bindung von Anfang an

Bereits der erste Körperkontakt zwischen Mutter, Vater und Kind unmittelbar nach der Geburt löst eine innige Verbundenheit aus. Verstärkt wird dieses Phänomen, auch Bonding genannt, durch Stillen und Rooming-in (das Neugeborene liegt die erste Zeit über immer bei der Mutter). Aber es geht noch weiter: Denn der kleine Mensch entwickelt in den ersten beiden Lebensjahren eine intensive Gefühlsbindung an seine Eltern, die nicht nur durch Körperkontakt entsteht oder weil körperliche Bedürfnisse wie Füttern erfüllt werden, sondern auch durch Zuwendung, Aufmerksamkeit und emotionale Sicherheit. Diese einzigartige Bindung beeinflusst die geistige und körperliche Entwicklung des Kindes – und schließlich sein ganzes Leben.

dung braucht. Wer bis zur Geburt des Kindes in ebendieser überfüllten Welt gelebt hat, für den ist es schwer, von heute auf morgen abzuschalten. Spiele mit dem Kind oder auch die Zeiten der Pflege bieten jedoch erste ruhige Momente, die Sie mehr und mehr ausdehnen sollten. Lernen Sie außerdem, mit geplanten Auszeiten zu Ruhe und Gelassenheit zurückzukehren – in der Wanne, beim Yoga oder beim Meditieren. Mehr und mehr können Sie sich dann auf Ihr Baby einlassen, die Zeiten mit ihm genießen, das Kind in aller Ruhe kennenlernen. Damit gewinnt nicht nur Ihr Kind Vertrauen. Auch Sie lernen, was Sie ihm zutrauen können und wann Ihre Hilfe und Unterstützung nötig ist.

Auch »Ersatzeltern« geben Vertrauen

Haben Sie selbst nicht die Möglichkeit, dem Kind genügend Zeit zu schenken, weil Sie zum Beispiel schnell wieder zurück in den Beruf müssen, ist dies kein Grund zur Sorge. Sicherlich haben Sie Ihr Kind für die Zeiten, in denen Sie nicht bei ihm sind, in gute Hände gegeben. Egal ob Tagesmutter oder Erzieherin in der Kinderkrippe: Diese Menschen können dem Baby als Bezugsperson ausreichend Zuwendung und Zuneigung geben. Allerdings ist es wichtig, dass die Bezugspersonen (auch wenn es zwei oder drei verschiedene sind) über längere Zeit nicht wechseln. Denn das kann das Baby verunsichern und in seiner gesunden seelischen Entwicklung behindern.

Zeit für sich selbst ist die Voraussetzung dafür, anderen Zeit schenken zu können.

Abends, am Wochenende und in den Ferien haben Sie stets die Möglichkeit, Ihren Part als Mutter voll zu übernehmen und so viel Zärtlichkeit und Aufmerksamkeit auf das Kind zu lenken, wie Sie möchten. Schuldgefühle sind dabei nicht nötig.

Die Verwöhnfalle ...

Von Zuwendung kann ein Baby nie genug bekommen. Sie sollten Ihrem Kind jedoch nicht abnehmen, was es schon alleine kann, zum Beispiel das Fläschchen halten oder mit dem Löffel essen. Durch manche gut gemeinte Unterstützung wird ein Kind eher zur Unselbstständigkeit, Bequemlichkeit und Hilflosigkeit erzogen. Unterstützen Sie lieber den Drang nach Selbstständigkeit und loben Sie es stets, wenn es Neues ausprobiert. Das spornt sehr dazu an, eigene Erfahrungen zu machen und immer selbstständiger und selbstsicherer zu werden.

11.

Belebtes Körpergefühl: von der Mutter zur Frau

Freiräume schaffen: Diese Zauberformel macht es möglich, mehr als »nur« Mama zu sein, das Selbstbewusstsein zu stärken und das Gefühl für den eigenen Körper wieder zu beleben. Wer als Mutter ebenso ständig gebraucht wird wie als Organisatorin für Haushalt und Alltag oder als verständnisvolle Partnerin, der kann sich bei all den Aufgaben recht schnell selbst vergessen. Und das macht über kurz oder lang krank – körperlich und seelisch. Entfliehen Sie dem Trott und nehmen Sie sich Zeit für sich selbst: jeden Tag eine Stunde, jede Woche einen Abend, jeden Monat ein Wochenende – genauso oft wie Sie es brauchen und mit dem Vater des Babys, der Oma oder dem Babysitter vereinbaren können.

Die freie Stunde

Wenn es irgendwie geht, sollten Sie Ihre freie Stunde außerhalb der eigenen vier Wände verbringen. Machen Sie sich schön und lassen Sie sich überraschen, was Sie in 60 Minuten alles erleben können: bei einer ruhigen Tasse Kaffee im Bistro gleich um die Ecke, bei einem Spaziergang oder einer Straßenbahnfahrt, bei der Sie träumend aus dem Fenster schauen können, andere Fahrgäste bestaunen oder ganz einfach das Nichtstun und Gefahrenwerden geschehen lassen. Sehen und gesehen werden – das tut einfach gut.

Der freie Abend

Treffen Sie sich mit Freunden oder Bekannten, mit denen Sie sich nicht nur über die Kinder- und Mutterfreuden unterhalten können. Vielleicht sind auch ehemalige Arbeitskollegen dabei, die von neuen Ereignissen in der Firma berichten, oder die Single-Freundin, die Ihnen von ihrem neuen Flirt vorschwärmt und allerlei Klatsch und Tratsch zum Besten geben kann. Tauchen Sie ein in die neue, alte Welt.

Das freie Wochenende

Stellen Sie zwei Tage Ihren Körper in den Mittelpunkt. Wie wäre es zum Beispiel mit einem Wochenendkurs in Nordic Walking, Bauchtanz, Feldenkrais, Qigong, Yoga oder Bodystyling? Auch ein Wochenende im Wellness-Hotel wirkt Wunder, wenn es darum geht, das Körpergefühl zu aktivieren.

TIPP!

Den Körper erleben

Auch Aromadampfbad, Whirlpool und Sauna beleben Leib wie Seele und klären die Gedanken. Die Leichtigkeit im sprudelnden Bad lässt Sie ebenso ein neues, frisches Körpergefühl erleben wie das angenehme Schwitzen.

Platz für ein Erinnerungsfoto

Am Ende des 11. Monats

Erlebnisse der letzten vier Wochen ....

»Wo Kinder sind, da ist ein goldenes Zeitalter.«
Novalis

12.

Der zwölfte Monat

Mit ersten Schritten, verständlichen Worten und eigenem Kopf steuert das Kind auf seinen ersten Geburtstag zu – Sie selbst bleiben noch eine Weile sein wichtigster Begleiter.

12.

Die 45. bis 48. Woche

Mein Kalender

- In der Woche nach dem ersten Geburtstag wird eine **Impfung** gegen Diphterie-Pertussis-Tetanus/Hib/Polio/Hepatitis B sowie gegen Masern-Mumps-Röteln empfohlen.
- Nun verträgt Ihr Kind auch **Früchtetees**, die ihm gut schmecken, wenn Sie etwas Apfelsaft dazumischen. Meiden Sie weiter Getränke mit Zuckerzusatz wie Fruchtnektar oder Fruchtsaftgetränke.
- **Loben** Sie Ihr Kind, wenn es bestimmte Dinge gut gemacht oder erlernt hat. **Ermahnen** Sie es aber auch, falls es etwas nicht tun soll. Mit »Toll gemacht« beziehungsweise »Lass das, bitte« geben Sie ihm wichtige Orientierungshilfen und setzen deutliche Grenzen.
- **Spricht** Ihr Kind ein **Wort falsch** aus, sagen Sie nicht »Das ist falsch«. Denn damit frustrieren Sie das Kleine und beeinträchtigen es in seinem natürlichen Drang Sprache zu lernen. **Wiederholen** Sie das entsprechende Wort **richtig ausgesprochen**, indem Sie es in eine Antwort verpacken. Sagt Ihr Kind etwa »Tein« zu »Stein«, erwidern Sie: »Ja, das ist ein Stein.« Damit loben Sie, dass es ein Ding erkannt hat. Und es lernt durch Zuhören, wie es richtig heißt.
- Bieten Sie Ihrem Kind einen kleinen Hocker oder Stuhl an. Es wird ihn begeistert vor sich herschieben und die ersten **Schritte** üben.

Termine rund ums Baby ....

....

....

....

Messen und Wiegen

....	....	....
Datum	Größe des Babys	Gewicht des Babys

So entwickelt sich das Baby

- **Gewicht:** zwischen 9,6 und 10 Kilo
- **Größe:** 74 bis 75 Zentimeter
- **Kleidung:** Das Baby hat in diesem Monat Kleidergröße 80, Schuhgröße 20, Mützenmaß 49.
- **Laufen lernen:** Immer öfter versucht das Kind zu gehen, nachdem es sich hochgezogen hat. Geben Sie ihm eine Hand, schreitet es zwar immer noch leicht schaukelnd, aber sehr eifrig voran.
- **Spielzeug reichen:** Ihr Kind behält Gegenstände jetzt nicht mehr nur zum Spielen in seinen Händen, es legt sie auch gezielt in die geöffnete Hand einer anderen Person oder steckt sie in ein Gefäß.
- **Verständliche Worte:** Aus »dada« und anderen Silbenreihen werden nun sinnvolle Worte wie »Wauwau«, »Auto«, »Papa«. Das Kind beginnt nicht nur mit dem verständlichen Sprechen, es reagiert auch auf kurze Sätze wie »Komm her!« – oder auf Verbote wie »Nein-nein«.
- **Streben nach Selbstständigkeit:** Indem Sie Ihr Kind beim An- und Ausziehen mithelfen lassen, können Sie seine Selbstständigkeit sehr gut unterstützen. Bedenken Sie dabei jedoch, dass das Kind zurzeit alleine noch nicht mehr schafft, als sich die Strümpfe und Schühchen auszuziehen.

Meine Gedanken ....

....

....

....

12.

Von Kochlöffel bis Papprolle: Wir machen Musik

Mit selbst gebastelten Instrumenten Klänge zaubern, so wie es den Kleinen gefällt: Das fördert die geistige Entwicklung, den Sinn für Musik und die Fähigkeit, sich auf eine ganz persönliche Art jenseits der gesprochenen Sprache auszudrücken. Mal lauter, mal leiser, je nach momentanem Bedürfnis und Stimmungslage.
Für das Material, aus dem die Instrumente gemacht werden, ist kein großer Einkauf nötig: Im Keller, in der Vorratskammer, in der Garage oder auch im Papier- beziehungsweise Dosenmüll finden sich sicher genügend Blechdosen, Klopapierrollen, Backpapier, Tesafilm oder Blumentöpfe. Genug gesammelt? Dann können Sie sich gleich zusammen mit Ihrem Nachwuchs ans Werk machen.

Schlagzeug aus Dosen und Töpfen

Für die Trommeln brauchen Sie vier verschieden große, leere Konservendosen. Bekleben Sie zunächst die scharfen Ränder mit ein bis zwei Lagen Tesafilm. Schlagen Sie dann jede Dose der Breite nach in weißes Papier ein und klappen Sie den überstehenden Rand nach innen um. Der Dosenboden bleibt frei: Er wird später zur Schlagfläche. Fixieren Sie das Papier mit Kleber und lassen Sie Ihr Kleines alle vier Manschetten mit ungiftigen Fingerfarben lustig bemalen.
Als Schlagzeugstöcke eignen sich zwei Holzstöcke. Stecken Sie für einen besseren Ton je einen Korken auf. Ebenso gut können Sie auch zwei Kochlöffel benutzen. Umwickeln Sie dann jeden Löffel mit einem Stück Stoff und halten Sie diesen mit Gummibändern an Ort und Stelle.
Stellen Sie alle vier Dosen zusammen mit zwei unterschiedlich großen, umgedrehten Kochtöpfen im Halbkreis auf. Nun ist das Schlagzeug bereit für die ersten rhythmischen Trommelwirbel.

Percussion mit Rasseln und Regenmacher

Als Begleitung zum Schlagzeug, aber auch als Soloinstrumente begeistern Rassel und der Regenmacher. Mit ihnen können Kinder auf die einfachste Art Rhythmus und Takte erfahren.
Stellen Sie zunächst mit Hilfe zweier Klopapierrollen zwei unterschiedlich klingende Rasseln her. Schließen Sie dazu jeweils eine Öffnung mit einem kreisförmig zugeschnittenen Stück Backpapier, das Sie mit Kleber oder Tesafilm rundum an der Rolle festkleben. Füllen Sie dann die Rollen: In eine geben Sie bis zur Hälfte ungekochte Reiskörner. Die andere füllen Sie bis zu zwei Dritteln mit getrockneten Erbsen oder Linsen. Anschließend verschließen Sie die oberen Öffnungen der Rollen wie

auf der anderen Seite mit Backpapier. Wickeln Sie die fertigen Rasseln in ein passendes Stück Stoff, das Sie oben und unten zunähen oder so fest abbinden, dass Ihr Kind nicht an den Inhalt kommen und etwas verschlucken kann. Und jetzt dürfen die Rasseln mit jeder Hand richtig kräftig geschüttelt werden.
Ganz ähnlich wird auch der Regenmacher hergestellt. Damit die Geräusche dieses Instruments tatsächlich an prasselnde Regentropfen erinnern, benötigen Sie ein langes Rohr. Kleben Sie also zunächst vier Klopapierrollen mit Tesafilm aneinander. Nachdem Sie die eine Öffnung wie bei den Rasseln verschlossen haben, füllen Sie den Regenmacher zur Hälfte mit rohen Reiskörnern. Stellen Sie dann das Instrument wie eine Rassel fertig. Um Töne daraus zu zaubern, drehen und kippen Sie es langsam in der Hand.

Musik mal anders – mit einem selbst gemachten Glockenspiel den Tönen auf der Spur.

Glockenspiel aus Blumentöpfen

Für ein Glockenspiel benötigen Sie vier verschieden große Blumentöpfe aus Ton. Lassen Sie diese vorab von Ihrem Kind mit Fingerfarben bunt bemalen. Dann haben Sie gleich für zwei Nachmittage eine schöne Beschäftigung.
Schneiden Sie vier unterschiedlich lange Stücke Paketschnur zurecht und knoten Sie jeweils in die Mitte ein etwa fünf Zentimeter langes Holzstöckchen. Führen Sie die Schnur dann so von der offenen Seite des Topfes her durch das Loch am Boden, dass das Holzstückchen sich als Stopper quer davor verhakt. Hängen Sie jeden Topf mit der großen Öffnung nach unten an einen langen Holzstock (zum Beispiel an einen Besenstiel oder einen abgebrochenen Ast) und verknoten Sie das obere Ende der Schnur fest. Die Glocken müssen sicher halten, auch wenn Ihr Kind einmal an der Schnur reißt. Zum Schluss wickeln Sie jeweils noch ein kleines Stück Holz oder eine dicke Holzperle als Klöppel an das herabhängende Schnurende.
Wenn Sie die Stange nun zwischen zwei Stühle oder Haken hängen, muss der kleine Musikant nur noch an den Schnüren wackeln oder die Glocken mit einem stoffumwickelten Stock zum Klingen bringen.

Startklar fürs zweite Jahr: mit gesunder Mischkost

Für den Start ins zweite Lebensjahr braucht das Kind eine abwechslungsreiche Ernährung. Die gesunde Mischkost liefert nicht nur genug Nährstoffe für das Wachstum, sondern stärkt auch das Immunsystem. Kommt jede Woche von allem etwas auf den Tisch, kann der kleine Körper die Vorzüge der unterschiedlichen Nahrungsmittel bestens für sich nutzen. Deshalb gehören die folgenden Lebensmittel von nun an auf den Speiseplan des Kindes.

> TIPP!
>
> *Wenig Fette*
>
> **Da in vielen Nahrungsmitteln wie Fleisch, Wurst, Käse und Süßigkeiten bereits Fette enthalten sind, sollten Sie für die Zubereitung der Speisen oder als Brotbelag nur wenig Fett und Öl verwenden. Mehr als 10 bis 15 Gramm pro Tag braucht Ihr Kind nicht.**

Getreide und Kartoffeln

Die tägliche Nahrung sollte zu über einem Viertel aus Getreide und Kartoffeln bestehen. Sie können beispielsweise Vollkornflocken fürs Müsli verwenden, Vollkornnudeln auftischen oder aus Vollkornmehl Kuchen und Pizza backen. Zudem benötigt Ihr Kind jeden Tag ein bis zwei Scheiben Vollkornbrot und fünf- bis sechsmal die Woche jeweils 80 bis 100 Gramm Kartoffeln. Bieten Sie diese als Pellkartoffeln oder Püree an. Frittierte Kartoffeln oder Bratkartoffeln sind nicht zu empfehlen, weil sie viel zu fettig sind.

Gemüse und Hülsenfrüchte

Ein knappes Viertel der Nahrung sollten Gemüse und Hülsenfrüchte ausmachen. Für ein kleines Kind entspricht das 100 bis 120 Gramm am Tag.

Sorgen Sie bei der Gemüsewahl für reichlich Abwechslung, um eine nährstoffreiche Versorgung des kindlichen Organismus zu sichern. Denn jede Gemüsesorte liefert unterschiedliche Vitamine und Mineralstoffe.

Übrigens: Ein Drittel der angegebenen Menge sollten Sie roh als Salat oder geraspelt mit ein paar Tropfen Öl auf den Tisch bringen. Mindestens einmal pro Woche stehen zudem Hülsenfrüchte wie Erbsen, Linsen oder Bohnen auf dem Speiseplan – zum Beispiel als fleischloses Eintopfgericht mit schmackhaften frischen Kräutern.

Obst und Nüsse

Obst, Nüsse und Samen sind aus einer ausgewogenen Ernährung nicht wegzudenken – und das gilt für Kinder ebenso wie für Erwachsene. An frischem rohem

Obst benötigt Ihr Kind täglich eine Menge von 100 bis 120 Gramm. Wählen Sie am besten Saisonprodukte. Sie sind besonders reich an Vitaminen und Mineralstoffen. Nüsse und Samen können Sie zerkleinert ins Müsli oder in den Teig für selbst gebackenes Brot mengen oder über einen Obstsalat streuen.

Milch und Milchprodukte

Milchprodukte, die wegen ihres hohen Gehalts an Kalzium den Zahn- und Knochenaufbau unterstützen, sind als Bestandteil der täglichen Nahrung unverzichtbar – es sei denn, bei Ihrem Kind liegt eine Allergie vor. Ist dies der Fall, hilft Ihnen der Kinderarzt, eine Alternative zu finden. Ansonsten sollte Ihr Baby jeden Tag 300 bis 330 Milliliter Milch trinken oder eine entsprechende Menge Milchprodukte (zum Beispiel Joghurt) oder zwei Scheiben Hartkäse (à 30 Gramm) essen. Rohmilchkäse, unerhitzte Rohmilch und Vorzugsmilch sollten Kinder wegen der möglichen enthaltenen Keime noch bis zum sechsten Lebensjahr meiden.

Fleisch, Fisch und Eier

Eine kleine Menge mageres Fleisch von 40 bis 50 Gramm – und das zweimal pro Woche – reichen für die gesunde Ernährung eines Babys völlig aus. Auch Wurst sollte nicht jeden Tag auf den Tisch kommen. Dasselbe gilt für Eier, von denen Ihr Kind nur ein bis zwei Stück in der Woche essen sollte. Bedenken Sie dabei auch, dass einige Lebensmittel wie Gebäck oder Eiernudeln bereits Ei enthalten.
Deutschland ist nach wie vor ein Jodmangelgebiet. Damit Ihr Kind ausreichend mit diesem Spurenelement versorgt wird, sollte es ein- bis zweimal wöchentlich jeweils 50 bis 70 Gramm Meeresfisch essen.

Trinken

Getränke stehen ab jetzt hoch im Kurs: Waren es ab dem zehnten Lebensmonat 200 Milliliter pro Tag, sollten Sie Ihrem Kind nun täglich 500 bis 750 Milliliter anbieten (Wasser, ungesüßte Tees und Saftschorle). Im Sommer steigt der Bedarf sogar noch – genauso wenn das Kind kränkelt, fiebert oder vom Spielen und Toben erhitzt ist.

WICHTIG!

Vorsicht vor Nitraten

Gemüsesorten wie Blattsalate, Chinakohl, Grünkohl, Radieschen, Rettich, rote Rüben, Rucola, Spinat, Stielmangold, Weißkohl und auch Wirsing können hohe Nitratgehalte aufweisen. Im menschlichen Körper wird aus Nitrat Nitrit gebildet und daraus wiederum können gesundheitlich bedenkliche Nitrosamine entstehen. Bringen Sie daher die betreffenden Gemüsesorten nur in Maßen und selten auf den Tisch.

12.

Jetzt geht's los: allein auf den Beinen

Irgendwann zwischen dem achten und 18. Monat beginnt das Kind, selbstständig zu laufen. In der Regel wagen rund 60 Prozent aller Babys um den ersten Geburtstag herum die ersten Schritte ohne Hilfestellung. Doch egal zu welchem Zeitpunkt Ihr Baby mit dem Laufen beginnt: Seine ersten Gehversuche wird es genau dann machen, wenn Nervensystem, Knochen, Gelenke, Muskeln und Bänder bereit sind, den Körper in aufrechter Haltung zu tragen.

Erfahrungen sammeln

Die ersten Gehversuche sind noch recht wackelig, denn das Baby ist damit beschäftigt, seinen Körper im Gleichgewicht zu halten. Und das ist gar nicht so einfach, wenn man bedenkt, dass im Verhältnis zu den kurzen Beinen Oberkörper und Kopf recht groß und schwer sind. So landet das Kleine anfangs auch immer wieder mal auf dem Po oder legt eine breitbeinige Gangart ein, die ihm mehr Stabilität verspricht. Während das Geradeauslaufen schon ganz gut klappt, hapert es in der Kurve und beim Treppensteigen noch etwas. Aber auch diese Herausforderungen wird Ihr Kind bald meistern. Je öfter es übt, desto mehr Sicherheiten gewinnt es – genau wie das Vertrauen in seine Fähigkeiten und seinen Körper.

Unvergesslich – die ersten Schuhe haben für viele Eltern einen besonderen Wert.

Laufen lernen

Ihr Kind läuft noch nicht? Sie können es zwar fördernd zu diesem Schritt begleiten, aber nichts erzwingen. Wann es so weit ist, hängt ausschließlich von der eigenen individuellen Entwicklung ab. Vor allem der Einsatz sogenannter Lauflernhilfen sollte unbedingt vermieden werden. Die Gehhilfen schränken das Kind deutlich in seiner Bewegungsfreiheit ein und schaden durch die erzwungene Haltung den noch wachsenden Bändern, Muskeln und Hüften mehr, als dass sie nutzen. Noch dazu bergen die Geräte ein extrem hohes Unfallrisiko. Nicht wenige Kleinkinder sind damit schon eine Treppe hinabgestürzt und haben sich dabei zum Teil schwere Verletzungen zugezogen. Lassen Sie es gar nicht erst so weit kommen.

Geben Sie Ihrem Kind hingegen die Möglichkeit, häufig alleine zu üben, wird es sich seine ersten Schritte nach und nach selbst erarbeiten und auf seinen zwei Beinchen immer sicherer unterwegs sein. Hat es sich beispielsweise an einem Tischbein in den Stand gezogen, setzen Sie sich mit einem interessanten Spielzeug an das andere Ende des Tischs und rufen das Kleine zu sich. Geben Sie dabei nicht auf, bestärken Sie das Kind in seinen Fähigkeiten und betonen Sie immer wieder: »Du schaffst das.« Loben Sie überschwänglich, sobald das Kind an der Tischkante entlang läuft, auch wenn es sich dabei noch festhält. Ihre Ermutigungen stärken sein Selbstvertrauen und unterstützen es darin, auch vom Kopf her selbstständig zu werden und alleine laufen zu wollen.

Die ersten »festen« Schuhe

Noch ist der kleine Fuß des Babys recht biegsam und verformbar – eine Tatsache, die Sie bei der Wahl eines Schuhs unbedingt beachten sollten. Sitzt der Schuh zu eng, können die bisher gesunden Füße in ihrer Entwicklung nämlich stark beeinträchtigt werden. Weil die Nerven in den Füßen noch nicht vollständig ausgebildet sind, kann Ihr Kind nicht selbst spüren, ob ein Schuh zu eng sitzt. Es liegt daher an Ihnen, darauf zu achten, dass der Fuß in der Breite und Höhe stets noch etwas Luft hat. Auch in der Länge muss der Schuh rund zwölf Millimeter über den großen Zeh hinausragen.

Ist der Schuh noch dazu aus weichem Leder oder einem anderen weichen, atmungsaktiven Material und lassen sich die flachen Sohlen in alle Richtungen biegen, wird Ihr Schatz sicher darin laufen können. Dennoch: Ziehen Sie ihm seine Schuhe in den ersten Jahren nur für Ausflüge ins Freie an. In der Wohnung ist es für die kleinen Füße am besten, wenn Ihr Kind so oft wie möglich barfuß oder auf rutschsicheren Socken läuft.

TIPP!

Laufpause mit Massage

Ab jetzt haben die Füßchen ganz schön viel zu tragen. Umso dankbarer sind sie für eine wohltuende Entspannung zwischen den Laufübungen: Rollen Sie mit einem kleinen Igelball abwechselnd links und rechts über die nackten Fußsohlen Ihres Kindes. Üben Sie nur wenig Druck aus und rollen Sie den Ball von den Zehen zur Ferse hin und her. Biegen Sie die Füße anschließend in den Händen ganz sanft von vorn nach hinten und von hinten nach vorn und drehen Sie jeden Fuß zart im Fußgelenk – mal links herum, mal rechts herum. Streichen Sie zum Schluss mit den Händen von den Waden bis zu den Zehen aus.

Guten Mutes: zurück in den Beruf

Sie haben sich entschieden, nach der Babypause wieder an Ihren Arbeitsplatz zurückzukehren? Das wird Ihnen bestimmt gut tun, schließlich werden Sie so endlich wieder einmal von einer ganz anderen Seite gefordert. Erfolge im Job sowie die Anerkennung durch Kollegen und Vorgesetzte stärken das Selbstbewusstsein ungemein. Und das kommt auch Ihrem Baby zugute. Klingt alles super, wäre da nur nicht immer wieder das mulmige Gefühl, das Kind zu vernachlässigen oder der Doppelbelastung nicht gerecht zu werden. Seien Sie guten Mutes: Anfängliche Bedenken werden sich schnell zerstreuen, wenn der erste Schritt einmal getan ist.

Tagesmutter oder Kinderkrippe

Lernen Sie spätestens während der Eingewöhnungszeit des Kindes – besser noch davor – die Tagesmutter oder die Betreuer in der Krippe gut kennen. Sprechen Sie sie darauf an, wenn Ihnen etwas nicht gefällt, sobald Sie etwas nicht verstehen oder wenn Sie andere Bedenken haben. Erst nachdem alle Punkte geklärt sind und Ihnen die Unterbringung hundertprozentig zusagt, sind Sie psychisch in der Lage, Ihr Kind ohne Sorgen abzugeben. Und das ist unbedingt nötig, um sich am Arbeitsplatz voll und ganz auf den Job konzentrieren zu können. Schweifen Ihre Gedanken ständig zum Kind, wird Ihnen das nicht gelingen.

Jedem seine Zeit

Teilen Sie Ihren Tag bewusst in Erwachsenen- und Kinderzeiten ein. Die klare Trennung ermöglicht es Ihnen, sich während der Erwachsenenzeit (also die Stunden, in denen Sie arbeiten und wenn das Kind schläft) vollständig um Ihre persönlichen Belange und Wünsche zu kümmern. Die restliche Zeit – am frühen Morgen, frühen Abend und an den Wochenenden – widmen Sie sich vermehrt Ihrem Kind, das Sie nach wie vor bedingungslos lieben wird. Gleichzeitig profitiert es von seiner ausgeglichenen Mama, der das Berufsleben neuen Elan und finanzielle Sicherheit beschert.

TIPP!

Beratung zum Wiedereinstieg

Hilfe und Rat zum Thema »Frau und Beruf« geben Interessengemeinschaften wie die BAG, die unter www.bag-frauen.de bundesweit auf beratende Institutionen verweist. Auch die Agenturen für Arbeit bieten Informations- und Beratungsservice für Berufsrückkehrerinnen an. Infos gibt es unter www.arbeitsagentur.de, Stichworte: Vereinbarkeit Beruf-Familie, Förderung zur Berufsrückkehr.

Platz für ein Erinnerungsfoto

Am Ende des 12. Monats

Erlebnisse der letzten vier Wochen ....

Babys erstes Jahr

Ein Jahr ist nun vorbei, 48 Wochen, in denen viel geschah: Das Baby hat sich prächtig entwickelt – vom winzigen Säugling, der seine Zeit anfangs fast nur schlafend verbrachte, zum aufgeweckten Einjährigen, der das Wichtigste seiner neuen Welt kennen- und begreifen gelernt hat. Jetzt bewegt sich Ihr Kind bereits auf allen Vieren, vielleicht sogar schon auf zwei Beinen durchs Leben und brabbelt munter die ersten Worte vor sich hin – neugierig darauf, was es noch alles zu lernen und zu entdecken gibt. Sicher, die Zeit ist wie im Flug vergangen. Wenn Sie Ihre Erinnerungen jedoch aufschreiben, bleiben sie lange lebendig.

Der erste gemeinsame Urlaub

Wann ging es wohin?

....

....

....

....

....

Wie sah der Ferientag mit dem Baby aus?

....

....

....

....

....

Was ist Ihre schönste Erinnerung an diese Zeit?

....

....

....

....

Das erste Weihnachtsfest

Wo haben Sie Ihr erstes gemeinsames Weihnachtsfest gefeiert?

....

....

Wer feierte mit?

....

....

....

....

Welche Geschenke bekam das Baby?

....

....

....

Was waren die schönsten Momente?

....

....

....

....

....

Die Taufe

Wann und wo wurde die Taufe gefeiert?

Wer waren die Taufpaten?

Wer kam zur Feier?

Welche Taufgeschenke bekam das Baby?

Was sind Ihre schönsten Erinnerungen an diesen Tag?

Der erste Brei

Wann gab es die erste feste Mahlzeit? Welchen Brei gab es?

Wie reagierte das Baby, als Sie es mit dem Löffel fütterten?

....

....

Der erste Zahn

Wann brach an welcher Stelle der erste Zahn durch?

....

....

Was half Ihrem Kind beim Zahnen?

....

....

....

Erste Krabbelversuche

Wann begann das Baby zu krabbeln? Wann machte es die ersten Schrittchen?

....

....

Das erste Wort

Wann plapperte das Baby die ersten verständlichen Silben?

....

....

....

Wie lauten Babys erste »Lieblingsworte«?

....

....

....

Der erste Geburtstag

Herzlichen Glückwunsch! Ihr Baby hat Geburtstag – und freut sich darüber, im Mittelpunkt seiner ersten großen Party zu stehen. Bis Sie einen richtigen Kindergeburtstag mit gleichaltrigen Freunden und Spielen veranstalten können, dauert es zwar noch etwas. Bis dahin genießt es der Nachwuchs jedoch, im Kreise der Familie und mit Freunden der Eltern seinen Ehrentag mit Kuchen, Kerzen, Spaß und Geschenken ausgiebig zu feiern.

Die Gäste

Oma, Opa, Tante, Onkel und Co. kommen sicher gerne zur Geburtstagsfeier und freuen sich über das Familienfest. Um dem Geburtstagskind eine zusätzliche Freude zu machen, können Sie ein weiteres Kind (mit Eltern) einladen. Dabei hat sich die Faustregel bewährt: ein Spielkamerad für jedes Lebensjahr, das gefeiert wird. Das schafft Übersicht und ermöglicht es den Kindern zu spielen, ohne sich dabei zu sehr zu verausgaben. Wie wäre es zum Beispiel, ein Paar aus dem Geburtsvorbereitungskurs mit Kind einzuladen? Die vertraute Beziehung, die auf dem gemeinsamen Weg durch die letzten Schwangerschaftswochen entstand, passt gut in den familiären Rahmen der Feier – und Sie können sich von Herzenslust über das erste Jahr mit all seinen Höhen und Tiefen austauschen. Die Kinder vergnügen sich währenddessen in der Spielecke und werden von den Verwandten verwöhnt und umsorgt.

Ein Jahr geht so schnell vorüber. Ehe man sich versieht, ist das Baby ein Kleinkind.

Die Bilderleine

Damit die Geburtstagsgäste sich ein Bild vom turbulenten ersten Jahr machen können, schmücken Sie den Raum mit einer selbst gemachten Girlande. Dazu spannen Sie eine Wäscheleine von Wand zu Wand, an der Sie in chronologischer Reihenfolge mit bunten Wäscheklammern Babyfotos befestigen.

Die Jahreskiste

Nach Kaffee und Kuchen ist die Stimmung gut für einen Plausch über die vergangenen zwölf Monate mit Ihrem Geburtstagskind. Dabei macht eine »Jahreskiste« die Runde, die Sie schon vor der Feier gepackt haben.

Hinein kommen lauter Gegenstände, die einen besonderen Erinnerungswert für das erste Lebensjahr haben: das Namensband aus der Klinik, eine Haarlocke, die ersten Babysöckchen, der Beißring oder der erste Schnuller. Eine bunte Schmuckschachtel ist dabei als Sammelbox genauso gut geeignet wie ein bemalter Schuhkarton.
Bei der Feier darf dann jeder Gast etwas aus der Kiste herausnehmen, während den Eltern die Aufgabe zukommt, eine Geschichte dazu zu erzählen. Anschließend wird die Jahreskiste verschlossen und gut aufbewahrt. Sie können damit Ihrem Kind später einmal eine ganz besondere Überraschung machen, zum Beispiel an seinem achtzehnten Geburtstag oder wenn es selbst Mutter oder Vater wird.

Der Geburtstagskuchen

Etwas fürs Auge sollte er sein und so groß, dass alle Gäste davon kosten können: der Geburtstagskuchen. Wenn Sie unschlüssig sind, was Sie backen wollen, probieren Sie doch einfach diesen Biskuit: Heizen Sie den Backofen auf 160 bis 180 °C Heißluft vor. Währenddessen trennen Sie vier Eier und schlagen das Eiweiß zu steifem Schnee. Lassen Sie zum Schluss 200 Gramm Zucker einrieseln. Vermischen Sie 200 Gramm Mehl mit zwei gestrichenen Teelöffeln Backpulver. Rühren Sie vorsichtig das verschlagene Eigelb unter den Eischnee und sieben Sie das Mehl über die Eiermasse. Vermengen Sie die Zutaten ganz locker miteinander und streichen Sie den Teig auf ein mit Backpapier ausgelegtes tiefes Backblech (Ränder vorher einfetten). Backen Sie den Biskuit im heißen Ofen 20 Minuten, bis der Teig goldgelb ist. Den Kuchen auf ein Backgitter stürzen und das Backpapier abziehen. Sobald der Kuchen völlig abgekühlt ist, überziehen Sie ihn mit Schokoladenkuvertüre und verzieren ihn mit Gummibärchen oder Zuckerschrift aus der Tube.

Geburtstagsgeschenke

Was wünscht ihr euch? Diese Frage werden Sie vor dem Geburtstag wahrscheinlich immer wieder hören. Mit einer Geschenkliste sind Sie darauf bestens vorbereitet. Altersgerechte Geschenke sind:

- Ein Schaukelpferd – für kleine Reiter, die sich schon gut festhalten können.
- Ein Rutschauto oder ein Puppenwagen – für das immer mobiler werdende Kind.
- Kinderbesteck sowie Kinderteller, Suppentasse, (Müsli-)Schale – für das mehr und mehr selbstständige Essen.
- Schwimmringe aus Styropor – für unbesorgte Wasserspiele.
- Badewannen-Begleiter wie Sprühtiere oder Bücher aus Plastik – für ungetrübten Badegenuss.
- Sandkasten-Spielzeug – damit jeder Spielplatzbesuch zum Erlebnis wird.
- Holz-Bauklötze in vielen Formen, Größen und Farben – für große Türme, die sich laut krachend umstoßen lassen.
- Stofftiere, Bären und Puppen – zum Schmusen, Kuscheln und Spielen.

Zur Erinnerung: das erste Geburtstagsfest

Wir feierten Geburtstag am

....

Das waren unsere Gäste

....

....

....

So verlief der Tag

....

....

....

....

....

....

Das schönste Ereignis an diesem Tag

....

....

....

....

....

Die ersten Geburtstagsgeschenke

....

....

....

....

Die schönsten Geburtstagsfotos

Zum Nachschlagen

Bücher, die weiterhelfen

Rund ums Baby

Die Babymassage-Box; GRÄFE UND UNZER VERLAG (Ratgeber Babymassage plus Massageöl)

Gebauer-Sesterhenn, Birgit/ Praun, Dr. Manfred: Das große GU Babybuch; GRÄFE UND UNZER VERLAG

Höfer, Silvia/Szász, Nora: Hebammen Gesundheitswissen; GRÄFE UND UNZER VERLAG

Keudel, Dr. Helmut/Capelle, Dr. Barbara: Kinderkrankheiten; GRÄFE UND UNZER VERLAG

Kunze, Petra/Keudel, Dr. Helmut: Schlafen lernen; GRÄFE UND UNZER VERLAG

Laimighofer, Dr. Astrid: Babyernährung; GRÄFE UND UNZER VERLAG

Leboyer, Frédérick: Sanfte Hände; Kösel-Verlag

Pulkkinen, Anne: PEKiP: Babys spielerisch fördern; GRÄFE UND UNZER VERLAG

Reich, Eva/Zornanszky, Eszter: Lebensenergie durch sanfte Bioenergetik; Kösel-Verlag

Seßler, Sylvia: Mein Baby. Das 1. Jahr; GRÄFE UND UNZER VERLAG (Wandkalender)

Voormann, Christina/Dandekar, Dr. Govin: Babymassage; GRÄFE UND UNZER VERLAG

Für Mütter

Grasberger, Dr. Delia: Autogenes Training; GRÄFE UND UNZER VERLAG (mit CD)

Hainbuch, Dr. Friedrich: Progressive Muskelentspannung; GRÄFE UND UNZER VERLAG (mit CD)

Kolb, Klaus/Miltner, Frank: Gedächtnis-Training; GRÄFE UND UNZER VERLAG

Lang-Reeves, Irene/Villinger, Dr. Thomas: Beckenboden; GRÄFE UND UNZER VERLAG (mit CD)

Trökes, Anna: Yoga. Mehr Energie und Ruhe; GRÄFE UND UNZER VERLAG

Adressen, die weiterhelfen

Deutschland

AWO Arbeiterwohlfahrt Bundesverband e. V.
Marie-Juchacz-Haus
Oppelner Straße 130
D-53119 Bonn
www.awo.org

Beratungsstelle für natürliche Geburt und Elternsein e. V.
Häberlstraße 17
D-80337 München
www.natuerliche-geburt.de

Bund Deutscher Hebammen e. V.
Gartenstraße 26
D-76133 Karlsruhe
www.bdh.de

Bund freiberuflicher Hebammen Deutschlands e. V.
Kasseler Straße 1a
D-60486 Frankfurt a. M.
www.bfhd.de

Deutsche Gesellschaft für Ernährung e. V.
Godesberger Allee 18
D-53175 Bonn
www.dge.de

Deutscher Caritasverband e. V.
Reinhardtstraße 13
D-10117 Berlin
www.caritas.de

Deutscher Kinderschutzbund
Bundesverband e. V.
Hinüberstraße 8
D-30175 Hannover
www.dksb.de

Elly-Heuss-Knapp-Stiftung
Deutsches Müttergenesungs-
werk
Bergstraße 63
D-10115 Berlin
www.muettergenesungswerk.de

Kinderumwelt GmbH
Westerbreite 7
D-49084 Osnabrück
www.allum.de
(Infos zu Allergien und Umwelt)

La Leche Liga Deutschland e. V.
Dannenkamp 25
D-32479 Hille
www.lalecheliga.de

Mütterzentren-Bundes-
verband e.V.
Müggenkampstraße 30a
D-20257 Hamburg
www.muetterzentren-bv.de

Paritätischer Wohlfahrts-
verband
Oranienburger Straße 13–14
D-10178 Berlin
www.paritaet.org

pro familia
Stresemannallee 3
D-60596 Frankfurt a. M.
www.profamilia.de

Tagesmütter Bundesverband
für Kinderbetreuung in
Tagespflege e. V.
Moerser Straße 25
D-47798 Krefeld
www.tagesmuetter-
bundesverband.de

Österreich

Institut für Erziehungshilfe
Heiligenstädterstraße 82/14
A-1190 Wien
www.erziehungshilfe.org

Katholischer Familienverband
Österreichs
Spiegelgasse 3/3/9
A-1010 Wien
www.familie.at

Österreichisches Hebammen-
Gremium
Ketzergasse 129/8/4
A-1230 Wien
www.hebammen.at

Zentrum für Ehe- und Familien-
fragen
Anichstraße 24/2
A-6020 Innsbruck
www.zentrum-beratung.at

Schweiz

La Leche Liga Schweiz
Postfach 197
CH-8053 Zürich
www.stillberatung.ch

Pro Familia Schweiz
Marktgasse 36
CH-3011 Bern
www.profamilia.ch

Schweizerischer
Hebammenverband
Rosenweg 25c
CH-3000 Bern 23
www.hebamme.ch

Stiftung Mütterhilfe
Badenerstraße 18
CH-8004 Zürich
www.muetterhilfe.ch

Register

Abendbuch 44
Abendlied 48
Abschlussuntersuchung 30
Abstillen 78
Allergie 59, 78, 130, 155
allergischer Schock 107
Antihistamin-Salbe 107
Appetit 10
Arbeitskollegen siehe Kollegen
Arnika-Kügelchen 106
Arnika-Salbe 106
Atemnot 107
Augen 19, 32
Au-pair 61
Ausflüge 70, 157
Autogenes Training 74
Autoreisen 73
Autositz 70, 73

Babymassage 30 ff.
Babypause 158
Babyschale siehe Autositz
Babyschwimmen 9, 42, 120
Babysitter 114
Baby-Yoga 10, 118 f.
Baden 10, 20, 32, 34, 140
Balancegefühl 129
Bandscheiben 134
Bauchlage 17, 31, 43, 55 f., 79, 103, 127
Bauchmuskeln 118
Bauchweh 17, 36, 131
Beckenboden 30, 86, 118
Beikostzeit 66
Beruf 158
Berührung 18, 33 f., 80
Beulen 106
Beweglichkeit 118
Bewegungsdrang 108
Bindung 118, 144
Bindung, emotionale 97
Bisswunden 107
Blähungen 36 f.
Blase 86
blaue Flecken 106
Blutergüsse 106
Bonding 144
Bräuche (alte) 23
Brust 18
Brustwarzen 18, 26
Brustwarzen, wunde 26
Busen 26

Calendula 35
chronische Unruhe 37

Daumenlutschen 117
Diphtherie 42, 46 f., 54, 66, 150
Dreimonatskoliken 36
Dreitagefieber 95
Druck 22
Durchfall 21, 82, 131
Durchschlafen 90

Eifersucht 84
Einschlafrituale 48 f., 105
Einzelkinder 60
Elterngeld 11, 54
Elterninitiative 8
Eltern-Kind-Gruppe 9, 54
Elternkurse 96
Elternschule 96 f.
Eltern-Trainingsprogramme 97
Elternzeit 11
emotionale Bindung 97
Entgiften 122
Entbindung 86
Entwicklung 8, 10, 18 ff., 32, 37, 128 f., 144 f., 152, 157
Entwicklungsstadium 7
Entwicklungsstörungen 21
Entwicklungsstufe 8
entzündete Haut 34
Entzündungen 58
Erbrechen 94, 106
erhöhte Körpertemperatur 21
Erkältung 71, 94
Ernährung 10, 20, 50, 83, 154 f.
Ernährung, gesunde 8, 62
Ernährungsumstellung 58
Erste Hilfe 10, 90, 106 f.
Erwachsenenzeit 158
Erzählen 19

Fabel®-Kurse 61
Familienhotel siehe Kinderhotel
Familienkasse 16
Familienzentrum 30
feste Kost 130 f.
Feuchttücher 34, 58
Fieber 10, 46, 82, 94 f., 106
Fieber, heilendes 94

Fieber (senken) 95
Fieberkrampf 94 f.
Fieberzäpfchen 95
Finger-Mudras 98
Fingerspiel 92 f.
Fläschchengeben 18 f.
Flaschennahrung 54
Flecken, blaue 106
Fliegergriff 36
Flugreisen 73
Fluoridtabletten 83
Flüssigkeitsaufnahme (verweigern) 94
Forschungsdrang (kindlicher) 117
Freiräume 146
Fremdeln 66, 79, 103
Freundschaften 10, 132 f.
Früchtetees 150
Frühbelastung 9
Frühförderung 9
Fußabdrücke (gestalten) 93
Fußbad (mit Bohnenkraut) 110
Füße 91, 157
Fußmassage 157
Fußpflege 110
Fußreflexzonenmassage 36

Gebärmutter 20, 30
Gebärmuttersenkung 86
Geborgenheit 10, 18, 34, 36, 37, 46, 68, 144
Geburt 11, 22 f., 85, 118
Geburtsbescheinigung 16
Geburtstag 164 f.
Geburtstagsfeier siehe Geburtstag
Geburtstagsgeschenke 165
Geburtstagskuchen 165
Geburtsurkunde 16
Gedächtnisprobleme 50
Gedächtnistraining 50
Gedichte (für den Tag) 104 f.
Gefühlsschwankungen 23
Gehirnjogging 50
Gehör 32, 67
Gehversuche (erste) 17, 139, 150, 156
Gelsohlen, magnetische 110
Geschmackssinn 130
gesunde Ernährung 8, 62
gesunde Mischkost 154
Gesundheit 10
giftige Pflanzen 142
Gleichgewicht 81, 118
Gleichgewichtssinn 80
Greifen 43, 67, 91
Griff (reflexartiger) 17
Grippeimpfung 46
Großfamilie 10, 133
Gute-Nacht-Geschichte 10, 44 f., 48 f., 105
Guten-Morgen-Lied 104
Gymnastikübungen 11

Haemophilus influenzae b siehe Hib
Handabdrücke (gestalten) 93
Hausapotheke 109
Haushaltshilfe 22 f.
Haut 18, 32, 34
Haut, entzündete 34
Haut, juckende 58
Hautkontakt 42
Hautrötungen 59
Hautschuppen 59
Hebamme 20 f., 78
heilendes Fieber 94
Heißhunger 62
Hell-Dunkel-Rhythmus 104
Hepatitis B 42, 46 f., 150
Hib 42, 46 f., 54, 66, 150
Hochstuhl 70
Hören 79
Hormone 78
Hormonumstellung 50
Hörsinn 80
Hunger 17, 19, 36, 48
Husten 72

Immunsystem 46, 71, 154
Impfen 46 f.
Impfpass 46, 107
Impfschutz 46, 107
Impfung 42, 54, 66, 72, 150
Infekte 94
Infektionen 46, 143
Inkontinenz 86
Insektenstiche 107, 142
Instrumente (selbst gebastelte) 152 f.
Irritationen (der Haut) 58 f.

juckende Haut 58

Karies 83
Kariesvorsorge 83
Karotten-Sellerie-Sirup 122
Kauen 130
Keime 18, 102, 155
Keuchhusten siehe Pertussis
Kinderausweis 16
Kinderbetreuung 8, 133
Kindergeburtstag siehe Geburtstag
Kindergeld 16
Kinderhotel 73
Kinderkrippe 8, 60 f., 145, 158
Kinderlähmung siehe Polio
Kinderreim 45, 92
Kindersitz 114
Kinderwagen 19, 66, 71, 73, 134, 143
Kinderzeit 158
Kindstod, plötzlicher 49
Kirschbaum-Meditation 74
Kleiderbügel-Mobile 69
Kleinkindkost 126
Kliniksuche 21
Kniereiterverse 10, 80
Knochenaufbau 155
Kollegen 133, 158
Kombinationsimpfstoffe 46
Konzentrationsblockaden 50
Körpergefühl 56, 118, 146
Körperkontakt 18 f., 120, 129, 144
Körpertemperatur, erhöhte 21
Kost, feste 130 f.
Kostumstellung 131
Krabbelgruppe 10, 60, 133
Krabbeln 8, 56, 91, 102
Krankenkasse 16, 20, 22, 96, 138
Krankheiten (Schutz vor) 46
Krankheitsfall (Hilfe im) 22
Kräutertees 94, 131
Kreativität 68, 129
Kreislauf 38
Krise (familiäre) 96

Lächeln 31, 55
Lachen 19, 55, 129
Lanolinsalbe 26
Lärm 17
Laufen 151, 156
Laufernhilfen 156
Lautübungen 31
Lernen, soziales 61
Lernprozesse 19
Lesen 44
Licht 17
Lieder 10, 19, 45
Lieder (für den Tag) 104 f.
Loben 150, 157

magnetische Gelsohlen 110
Masern 46 f., 150
Massage 32
Massage (Anleitung) 33
Medikamente 108
Meditation 11, 74
Milchdrüsen 26
Milchproduktion 78
Milch (zu viel) 26
Milchbildung 78
Milchgebiss 82
Milchstau 26
Milchzucker 131
Mimik 141
Mischkost, gesunde 154
MMR 46 f., 150
Motorik 56, 121
Müdigkeit 17, 36
Mudra siehe Finger-Mudras
Mumps 46 f., 150
Mundhygiene 83
Musik 152 f.
Musikgarten 126
Muskelverspannungen 110
Mutter-Kind-Bindung 18
Mutter-Kind-Gruppe 10, 60
Mutter-Kind-Kur 138
Mutterleib 18
Muttermilch 46, 58
Mutterpass 30
Mutterschaftsgeld 16
Mütterzentrum 30, 60, 78, 133

Nabel 36, 42
Nabelpflege 20
Nabelstumpf 34
Nachsorgehebamme 16, 20, 23
Nachtruhe 48
Nachtschlaf 48 f.
Nachtzeiten 104
Nacken, steifer 94, 106
Nagelschneiden 34
Nasensprays 95
Netzwerke (knüpfen) 132 f.

Neurodermitis 58
Nitrate 155
Notrufnummern 109

O

offene Wunden 106
Ohrenschmerzen 72
Öltücher 34, 58

P

Paarbeziehung 84 f.
Partnerschaft 23, 84 f.
PEKiP 9, 60
Pertussis 42, 46 f., 54, 66, 150
Pflanzen, giftige 142
Pflege 10, 19 f., 34, 38, 46, 59, 144
Pflegebad 121
plötzlicher Kindstod 49
Polio 42, 46 f., 54, 66, 150
Poliomyelitis siehe Polio
Prellungen 106
Progressive Muskelrelaxation 74
Pucken 37
Putzmittel 108

Q

Quarkwickel 26
Quetschungen 106

R

Raumgefühl 116
Reflexzonen 110
Regeln 61
Reime 92, 140 f.
Reiseapotheke 72
Reisedauer 73
Rhythmus 22, 48
Rituale 104
Robben 103
Rollen 103
Rollenspiel 85
Rooming-in 144
Röteln 46 f., 150
Rotlicht 26
Rückbildung 30, 86, 118
Rückenlage 48 f., 91, 103
Rückenschmerzen 110
Ruhezeiten 19

S

Säuglingstee 54
Säureschutzmantel (der Haut) 58
Schaukelspiele 80 f.
Schlaf 9 f., 37, 48
Schlaflied 105
Schlafmangel 66
Schläfrigkeit 106
Schlafzeiten 48, 104
Schluckauf 107
Schmetterlingsmassage 33
Schnittwunden 106 f.
Schnuller 117
Schnupfen 94 f.
Schock, allergischer 107
Schreiambulanz 37
Schreibaby 37
Schreisprechstunde 30, 37
Schreitagebuch 37
Schritte siehe Gehversuche
Schuhe 157
Schürfwunden 106 f.
Schutz 10
Schutzgitter 108 f.
Schwangerschaft 22, 86
Sechsfach-Impfung 42
Sehen 92
Sehen (scharf) 17
Selbstbeschäftigung 68
Selbstbewusstsein 158
Selbstsicherheit 50
Selbstständigkeit 60, 68, 145, 151
Selbstvertrauen 60, 96
Selbstwertgefühl 96, 114
Sicherheit 19, 34, 144
SIDS siehe Kindstod, plötzlicher
Singen 128 f.
Sinnesorgane 17
Sitzen 67, 79, 103, 127, 134
Sonnenbrand 72
Sonnenschutz 72
Sonnenstich 72
soziales Lernen 61
Spiel 9 f., 19, 42, 60 f., 80, 115, 139
Spiel (mit sich selbst) 68
Spielzeug 42, 55 f., 69, 79, 102, 108, 127, 139, 151, 157
Sprache 17, 44, 140, 150, 152
Sprachentwicklung 80, 114
Sprachförderung 126
Sprachreime 10
Sprachsinn 92
Sprachspiele 10 f.
Sprachvermögen 92
Sprechen 55, 140, 151
Stammbuch 16

Standesamt
(Anmeldung beim) 16
Stapelspiele 116
Steckdosen 109
Stehen 67, 115, 127
steifer Nacken 106
Steuerkarte 16
Stich siehe Insektenstiche
Stillberaterinnen 30
Stilleinlagen 26
Stillen 18 ff., 26, 49, 84, 130
Stillgruppe 30
Stillhütchen 26
Stillzeiten 48
Stoffwechsel 130
Streicheleinheiten 32 f.
Stubenwagen 70
Sturzfallen 108
Süßigkeiten 83, 131

T

Tagebuch 8
Tagesbetreuung 61
Tagesmutter 8, 60 f., 145, 158
Tagesrhythmus 36, 50
Tagschlaf 48 f.
Tanzen 128 f.
Tetanus 42, 46 f., 54, 66, 150
Tischsitz 70
Tragetuch 19
Trinkbecher 126, 131
Trinken 18, 62, 73, 90, 94, 126,
138 f., 155

U

U3 16
U4 42
U5 78
U6 126
Übergewicht 83, 131
Überhitzung 72
Unfälle 10, 70, 90
Unruhe, chronische 37
Unverträglichkeit 58
Urlaub 72 f.
Urvertrauen 19, 37, 144
Us siehe Vorsorgeuntersuchung
UV-Schutz 72, 143

V

Vater-Kind-Kur siehe
Mutter-Kind-Kur
Veilchenwurzel 82
Verbrennen 109
Verdauung 130 f.
Vergesslichkeit 50
Vergiftung 108
Verpflichtungen 9
Verstecken (spielen) 115 f.
Verstopfung 131
Visualisierung 74
Vitaldrink 38
Vorsorgeuntersuchungen 10,
21, 46

W

Wachphasen siehe Wachzeiten
Wachzeiten 48, 104
Wadenschmerzen 110
Wadenwickel 95
Wärmestau 49
Waschen 19, 32, 34, 140
Weinen 19, 30, 36 f., 82, 120
Wickelkommode 32, 34
Wickeln 10, 19 f., 32, 34, 58, 140
Wiedereinstieg
(in den Beruf) 158
Wiege 19
Windelbereich 34, 58
Windeln 17, 21, 56, 58, 60, 73
Windpocken (Impfung gegen) 46
Windsalbe 36
Wippe 70
Wirbelsäulengymnastik 134
Wochenbett 30, 86
Wochenfluss 38, 42
Worte (erste) 115
wunde Brustwarzen 26
Wunden, offene 106
Wundstarrkrampf
siehe Tetanus

Z

Zahnaufbau 155
Zahnbürste 82
Zähne 82, 130 f.
Zähne (Verformungen) 117
Zahnen 10, 82
Zahnfleisch 82
Zahnpasta 83
Zahnpflege 83
Zahnschmelz 83
Zahnungsfieber 82
Zerstreutheit 50
Zimmerpflanzen 102, 142
Zitronen-Oliven-Bad 38
Zuckerkonsum 62
Zugreisen 73
Zuhören (schulen) 114
Zungenbrecher 140

Impressum

Die Autorin

Annette Nolden (*1963) studierte Germanistik und arbeitet nach einem Volontariat als Sachbuchredakteurin und Autorin u. a. in den Bereichen Gesundheit und Lebenshilfe. Mit 36 bekam sie ihr erstes Kind.

Genehmigte Lizenzausgabe für Verlagsgruppe Weltbild GmbH, Steinerne Furt, 86167 Augsburg

Programmleitung:
Ulrich Ehrlenspiel
Redaktion: Silvia Herzog
Lektorat: Sylvie Hinderberger
Bildredaktion: Henrike Schechter
Innenlayout: independent Medien-Design, München
Satz und Gestaltung:
Christopher Hammond, München
Herstellung: Markus Plötz
Litho: Fotolito Longo, Bozen
Umschlaggestaltung:
Atelier Seidel, Verlagsgrafik – Maria Seidel, Teising
Umschlagmotiv: © Shutterstock
Gesamtherstellung: Offizin Andersen Nexö Leipzig GmbH, Zwenkau
Printed in the EU
978-3-8289-4193-9

2012 2011 2010
Die letzte Jahreszahl gibt die aktuelle Lizenzausgabe an.

Bildnachweis:
Corbis: S. 9, 14, 71, 132, 156; Digital Vision: S. 136; Focus/SPL: S. 20; Getty: S. 19, 23, 96, 106, 121, 143, 148, 164; GU: S. 32 (A. Peisl), 69, 80, 92, 112, 116, 131, 153 (alle A. Anders), 145 (M. Wagenhan); Jump: S. 84; Mauritius: S. 6; Mother & Baby Picture Library: S. 28, 40; Photodisc: S. 60; Picture Press: S. 36, 49, 52, 57, 64, 76, 83, 88, 100, 108, 119, 124; Weleda: S. 35, 59.

Wichtiger Hinweis

Alle Informationen und Ratschläge in diesem Buch wurden von Autorin und Verlag sorgfältig und nach bestem Wissen zusammengestellt und geprüft. Dennoch kann eine Garantie nicht übernommen werden. Eine Haftung der Autorin und des Verlages ist ausgeschlossen. Jede Leserin und jeder Leser muss sich bei vorbeugenden Maßnahmen und Selbstbehandlungen genau an die in diesem Buch gegebenen Anleitungen halten. Es ist jeweils vermerkt, wann ärztliche Hilfe nötig ist. Wenn Sie sich bei der Behandlung nicht sicher sind, fragen Sie unbedingt einen Arzt! Sie sind verpflichtet, in eigener Verantwortung zu entscheiden, ob und wie weit Sie die in diesem Buch dargestellten Methoden, Pflege- und Vorbeugemaßnahmen anwenden möchten.